深圳中学
核心素养
提升丛书

中学生常见
心理困惑答问

主　编◎王新红　娄俊颖　田春利
参　编◎郭明珠　刘本荣　黄润银　张悦昕
　　　　王　磊　颜文庆　陈启荣　刘方松
　　　　白小琴　高瑞情

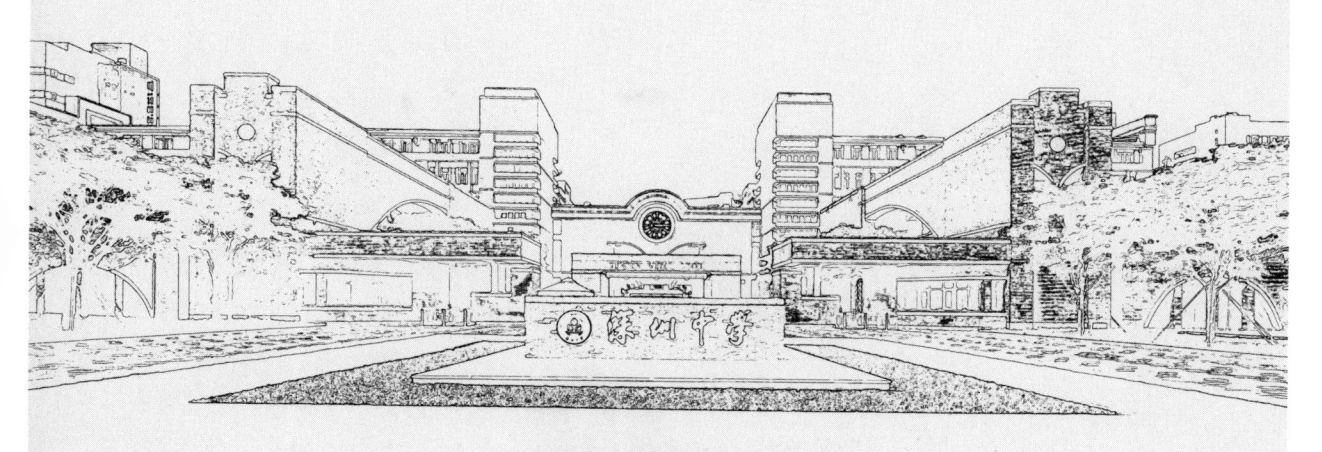

中国人民大学出版社
·北京·

深圳中学 文化印记

办学定位　建设中国特色世界一流高中
培养目标　培养具有中华底蕴与国际视野的拔尖创新人才
深中精神　追求卓越　敢为人先

校　　训　团结　进取　求实　创新
校　　风　主动发展　共同成长　不断超越
教　　风　敬业爱生　言传身教
学　　风　尊师守纪　勤学多思

深圳中学核心素养提升丛书
编委会

主　编

朱华伟

编　委

熊志松　娄俊颖　王新红　郭　峰　王粤莎

总序

教育的目的和本质是育人，是使学生在教育中成长并且能不断提升自我、完善自我，在关爱他人和服务社会中实现自我价值。在学校，教育的目的一方面需要依托教师的职业行为（主要是教学）来实现，另一方面更需要学校的教育理念指导和学校课程支撑，其中最核心的无疑是学校的课程建设和实施。

20世纪90年代后期，我国开始试行国家、地方、学校三级课程管理制度，课程决策权部分下放到了学校，全国各地随即开展了轰轰烈烈的"校本运动"。"校本课程"（School-Based Curriculum）本是一个"舶来品"，欧美一些国家在20世纪初就开始关注以校为本的教育改革。在我国第八次基础教育课程改革的大背景下，校本课程成为我国新课改的重点，同时也成为越来越多学校和教师关注的焦点。

国家课程注重的是普适性，是为了保证学生对基本知识技能和素质的掌握与实现，针对的是大多数学生的共性需求。而校本课程开发直接指向差异，它是一种"特色课程"，以学校为开发单位和实施单位，包含浓郁的校园特色、本校学生特色，旨在尊重学生、学校和社区的独特性与差异性。这也是深圳中学一直以来重视校本课程建设，积极进行校本教材开发的出发点和落脚点。

著名哲学家吉杜·克里希那穆提曾说："正确的教育所关心的是个人的自由，唯有个人的自由，才能带来与整体、人群的真正合作。"为什么很多学生在中等教育阶段很难体会到学习的幸福和乐趣？很大程度上是因为他们缺乏相对自由的选择权。为了赋予学生更多的自由和更多样的选择，深圳中学在近十几年来通过实地调研学生实际需求、深入挖掘素材资源，开发了360多门丰富多样的校本课程，让学生在更广阔的天地里去体验、去发现、去成为最好的自己。

深圳中学从21世纪初成为课程改革样板学校，我们在前期校本课程探索和实践的基础上，结合新课标关于培养学生核心素养的要求，对学校360多门校本课程进行精心筛选和整理，特推出"深圳中学核心素养提升丛书"。该丛书包括《映鉴：中国近现代人物作品与人格魅力》《整本书阅读新视野》《物理思维破茧：从高考到强基》《像生物学家一样思考：高中生物学核心素养学术情境资源集》《中学生常见心理困惑答问》，内容涵盖语文、物理学、生物学、心理学等多个学科，它们既相互联系，又各自相对独立。我们力争使这套书能够充分体现出以下特点：

第一，聚焦落实立德树人，培养学生核心素养。立德树人是教育的根本任务。培养和发展学生核心素养，根本出发点是全面贯彻党的教育方针，践行社会主义核心价值观，突出强调社会责任感、创新精神和实践能力，促进学生全面发展，落实立德树人根本任务。本丛书在编写中深入挖掘学科育人价值，有机融入理想信念、爱国主义、责任与担当、奋斗与坚持等主题内容，在帮助学生构建知识体系与关键能力的过程中，培养学生形成正向的思维模式与必备品格，全面提升核心素养。

第二，坚持以人为本，培养全面发展的人。这是深圳中学校本课程开发的灵魂追求，也是这套书的基本特征。以人为本既是现代教育的价值取向，也是我国校本课程开发的基本价值取向。校本课程的实施归根结底是为了学生的全面发展，我们通过不断地努力和尝试，开发编写丰富多样并且适合本校学生发展的校本教材，践行对以人为本的追求和探索。

第三，坚持理论与实践的有机结合。这套书不是空谈理论，而是立足于深圳中学的学校特色和课程特点，针对实践进行反思和总结，致力于理论建构与实践探索的统一。其中，既有对本学科专业知识的解读，又融合了大量针对提升学生学科素养的导读、解析和课例。

第四，坚持注重多维视野的相互关照。从宏观与微观、历史与现实、继承与超越、国际与本土等方面探讨中国近现代人物思想、整本书阅读、物理思维、生物学习等领域，既反映了学科发展的基本趋势，又体现出理论的创新追求。

校本课程的显著特点是给教师赋权增能，让教师成为课程开发的主体。这套书凝聚了诸多老师的智慧和汗水，他们在选题、组稿、修改、定稿和编辑出版的过程中付出了艰辛的劳动。如果没有他们的努力和付出，这套书是很难和大家见面的。非常感谢这套书的编著者们，是他们的辛勤和卓越成就了深圳中学校本课程的厚度！

校本课程的开发是一个渐进的过程，尤其是特色的形成需要进行长期摸索和逐步积累。几十年来，深圳中学从未停止探索的脚步。我们期望通过我们的微薄之力进一步发展学生的能力和兴趣，进一步推进校本课程的发展和进步。我们乐于和学界同人分享我们的这些成果，同时也真诚希望大家批评指正，欢迎各位同人不吝赐教。

是为序。

2023 年 10 月于深圳中学新校区斯善楼

序言

"现在，请放轻松，把全身心专注于你的呼吸之间……"

耳机里轻柔的女声传来，我混乱焦躁的思绪渐趋平静。

高考前一个月，最后一次月考结束，本该是心无旁骛全力冲刺的时候，考前综合征却找上门来。思绪就如自己从高三以来波动起伏的成绩——不时从云端坠下，挣扎着从深谷爬起，不知最后这一次，它又会在哪里。对于高考的恐惧、对于未来的迷茫，这些看似多余的负担伸出恶魔之手，贪婪地攫走一个高三学子本就宝贵的睡眠。

无数次纠结过后，我鼓起勇气点开了心理辅导老师的微信。

出人意料的是，老师没有责备我在这关键时刻仍胡思乱想，而是耐心地帮我梳理我所面对的问题，并教会我一种走出困境、回归宁静的方法——冥想。自那以后，冥想成为我每个夜晚都会会面的朋友，我随着她温柔似水的声音，感受自己或急或缓的呼吸，感受心中杂乱无章的思绪。一个又一个安静而孤独的夜晚离去，焦虑与不安竟神奇地悄然与我告别。似乎是受到了幸运女神的眷顾，我成功地调整好状态，在高考考场上稳定发挥，最终考入理想的大学，学习心仪的专业。

不仅仅是考前综合征，初入高中的我们，在成长最重要的阶段，在人生观、世界观逐渐成熟的关口，总是会遇到许多的"疑难杂症"。"高中生活与初中生活为什么有那么多不同，我该如何适应？""周围都是那么优秀的人，我再也不是那个曾经的天之骄子了吗？""马上就要读大学了，我未来到底要做什么呢？""我真的应该在高中就和喜欢的人在一起吗？"无数疑惑如同雨后春笋般冒出，曾经的我和大家一样，茫然无措，却又感到孤立无援。

2015 年 9 月，或许是被其形式多样又富含意义的活动所吸引，又或许仅仅只是被招新宣传时可爱的小黄人所感染，我加入了"朋辈"。当时的我并没有意识到这个选择会对我的高中生活产生多大的影响，只是凭借一腔热情为它燃烧。在生命教育周中，我策划了"一起 hug"的活动，希望能够用拥抱去温暖你我；在"凤凰——雪莲花会"中,我帮助深中的伙伴们与新疆预科班的同学们一一"配对",开出友谊之花;在"圣诞快递"的活动中,我与深外等学校的同学们一起,第一次扮演起了小快递员的角色,帮同学们传递友谊,制造惊喜……

朋辈的存在,是为了能够从同龄人的角度出发,如朋友一般,帮助同学们"治疗"所谓的"疑难杂症"。朋辈以活动的方式,帮助大家发现问题,引导大家找到属于自己的答案。我在朋辈的两年里真正收获的宝贵财富,不仅仅是在活动的举办过程中积累的做事经验,更多的是我学会了如何去接触他人、温暖他人、帮助他人。

这本《中学生常见心理困惑答问》由学生辅导中心的老师、朋辈成员等撰稿的 whisper 和《梦想加油站》等校刊文章集结成册,希望能够更加全面地普及中学生心理教育知识,帮助同学们答疑解惑。

何宇凡

(注:何宇凡,2018届深圳中学毕业生,曾任深中朋辈学生组织副社长,本科毕业于中山大学,现就读于美国南加州大学)

目录

第一章 01 新学期如何适应 ... 1

先接受，再改变 ... 1
心中的"定海神针" ... 2
平衡与平衡之间的过渡空间 ... 3
解忧问与答——与你同行 ... 5
悬想何益 ... 11
不放弃，不设限 ... 13
适应角色树 ... 14
新学期计划：平衡、平常心 ... 17
拥抱不确定性 ... 18
可达成的"可能性" ... 19
你好，普通且特别的自己 ... 20

第二章 02 如何拥有好朋友 ... 22

关心他人，也是一门功课 ... 22
人际交往的基本原则：找呀找呀找朋友 ... 23
亲密有间 ... 25
巧妙沟通化解冲突 ... 26
为什么在高中不容易找到挚友 ... 28

"炸弹"还是礼物 ·· 29

人际互动——真心话 or 大冒险 ······················· 30

坐船与否？这是个问题——换个角度认识他人 ········ 32

友谊的花期 ··· 33

找到一个朋友需要多久 ····································· 35

今天你认真倾听了吗 ··· 36

爱的语言——肯定的言辞 ································· 37

如何提升交友能力 ·· 39

哪朵玫瑰没有刺 ··· 41

我们不应活在孤独梦中 ····································· 45

第三章 03　如何看待青春期的爱情　　48

我到底要不要"脱单" ······································ 48

爱情里的第一课 ··· 49

友谊还是爱情，你自己说了算 ·························· 50

真正的爱不是忘乎所以，而是深思熟虑 ············ 52

当青春期的爱情遇上性 ····································· 53

"能重复能轻"的青春期恋情 ··························· 54

从他们的爱情中你看见了什么 ·························· 55

第四章 04　如何拥有好心态　　58

真正的接纳始于对体验的觉察 ·························· 58

你被拒绝了什么 ··· 60

你的选择就是你的生活 ····································· 61

我们究竟竞争的是什么 ····································· 62

过有余有闲的生活吧 ··· 63

选择自己态度的自由 ··· 65

人生的小船不会说翻就翻 ································· 66

发现你的优势 ··· 67

接纳真实的自己 ………………………………………………… 68
未来不可知，由你来续写 ………………………………………… 69
当有人比你厉害时，你怎么想 …………………………………… 70
积极的不确定 ……………………………………………………… 72
冲刺阶段，面对压力"做减法" …………………………………… 73

第五章 05 如何做好生涯规划　75

生涯初体验 ………………………………………………………… 75
兴趣的 N 次方 ……………………………………………………… 76
新高考改革模式下的生涯思考 …………………………………… 78
生涯规划之旅 ……………………………………………………… 79
理想自我：我想成为一个什么样的人 …………………………… 81

第六章 06 如何学会学习　83

学习中的顿悟体验 ………………………………………………… 83
为什么没有进步 …………………………………………………… 84
如何度过学习的沉默期 …………………………………………… 86
如何酣畅淋漓地学习 ……………………………………………… 88
如果有记忆面包就好了——记忆的深层加工 …………………… 89
高中学习状态调整攻略 …………………………………………… 90
我的考前"迷信行为" ……………………………………………… 93
无专精则不能成 …………………………………………………… 94
精力管理，提高效能 ……………………………………………… 99

第七章 07 如何面对挫折　101

失败博物馆的故事 ………………………………………………… 101
从"问题视角"转向"优势视角" ………………………………… 102
少年期的境遇 ……………………………………………………… 104

你比想象中更强大——认知适应理论 105
成长的必经之路 107
在压力下成长 108
永远逆水走 109
超越舒适区 111

第八章 08 学点心理学   113

聚焦当下,提升自我控制感 113
你有拖延症吗 114
谷歌效应——存放于云端的记忆 116
我就是想吃点东西,怎么了——情绪性进食 117
它是计划不能实现的元凶吗——执行中的完美主义 118
愿你被世界温柔以待,愿你待这世界以温柔 119
是什么阻止你达成目标 120

第九章 09 如何调节情绪   122

你真的懂"考试焦虑"吗 122
面对情绪暴风雨,你可以这么做 123
情绪管理四部曲 124
如何处理压力下的负面情绪 125

第十章 10 高三梦想加油站   128

建立自己的节奏 128
月考之后 129
如何做计划 131
深度学习 132
高三的同学情 134
考后选择 135

给自己即时反馈 ·· 136
别人放假，我做什么 ·· 138
找好最近发展区，潜心每一步 ·· 140
接受焦虑才能缓解焦虑 ··· 141
时间都去哪儿了 ·· 142
阶段考之后如何归因 ·· 144
合理利用自我暗示 ··· 146
接受小插曲，经营好主旋律 ··· 148
关注当下，积极思考 ·· 149
消极情绪背后的不合理观念 ··· 150
把握好从量变到质变的关键期 ·· 152
突破高原现象 ··· 154
如何调节备考状态 ··· 155
考前心理调适方法 ··· 157
稳步前行，迎接高考 ·· 159

第十一章 11　如何幸福生活　161

看到生命之拥有 ·· 161
就聊聊感恩吧 ··· 162
这个夏天，遇见《千与千寻》·· 163
生活安排点"无用"的小事 ·· 165
我是哪个孩子 ··· 166

第一章 新学期如何适应

先接受，再改变

文：王新红

每个考进深中的学生，对深中生活都有一个预设，食宿、学习、交友，还有自己处理诸多事务和关系时的表现。和预设一致或者超过预期的表现，被描述为"适应"，而另外一些和我们的预设不太一致，又让我们总觉得有些不舒服的感受，被描述为"不适应"。

有些同学的不适应在于"自己洗衣服，以前都是妈妈洗"，有些同学的不适应是因为"宿舍同学的闹钟总是很早就响，吵醒了我"。有些同学因为"没有时间写完全部的作业"而烦恼，有些同学因为"觉得自己的时间很多，不知道可以做什么"而迷茫。和上面这些不适应相比，还有一些不适应是更深层面的："我在同学中觉得没有安全感""有时候觉得生活日复一日，不知道到底为什么活着"。

当得知可以用篮子里的彩色纸片去吐槽"不适应"时，绝大多数同学都从四种彩色的纸片里挑选了至少两种颜色，写上了他们在开学两周里不那么适应的事件和感受。有的同学发现周围人也领取了和自己一样颜色的纸片时，感觉轻松了不少；当很多人将同一种颜色的纸片放入回收篮时，有的同学发出感慨：原来我们遇到的问题差不多。听到这个"差不多"时，我也变得轻松了一些：认识到自己遇到的问题并非是自己独有的，会让学生更愿意与周围的人和环境互动，更积极主动地寻找解决问题的办法，这是一个人顺利适应环境的最佳状态。

做过很多咨询之后，我的感受是，许多高二下学期或者高三表现比较严重的个案，他们的问题其实从入学适应阶段就存在了。一种常见的情形是，有的同学觉得自己的问题是独有的，只有自己有这样的问题，所以不和同学、老师交流，一个人默默地想办法去解决。可是一个人解决问题的模式是相对固定的，之所以有同学有不适应问题，是因为其之前解决问题的模式与现有环境有不尽匹配之处，需要调整。独自解决通常效果不好，如此往复，陷入恶性循环。另一种常见的情形是，有些感受短时间里看起来不好处理，或者这些感受虽然让自己比较难受，但似乎对日常生活的影响没有那么大，所以不想去面对。比如"我觉得自己比不上别人"，类似这样比较重要但是又挺抽象的感受就被很具体的问题淹没和替代了，可是这样的感受常常会在具体事件中不断被积累和强化，直到有一天变成一个必须处理的棘手问题。

所以将"不适应"问题正常化，是帮助自己适应深中生活的第一步。到了新环境，多数同学多多少少都会有不适应的感受。就像吐槽用的彩色纸片，"不适应"的各种问题和感受是我们重要而丰富的生命体验，也是有色彩的，首先要学会接受和面对它们。解决任何问题的第一步都是先接受它们、面对它们，第二步才是改变。接受之后的改变会主动发生，改变的过程也相对轻松。

心中的"定海神针"

文：郭明珠

很多人带着对"民主和自由"的向往开始了深中的生活，也带着更多的自主权开始了高中的生活，这一切都意味着，我们拥有了更多的选择。然而，选择越多越好吗？

哥伦比亚大学商学院教授希娜·艾扬格（Sheena Iyengar）在其新书《选择的艺术》（The Art of Choosing）中列举了她和同事进行的一项实验：20 世纪 90 年代后期，她们在加利福尼亚的一家高档食品店内设立了一个果酱体验台，某些日子，研究人员只提供 6 种果酱，而在其他日子，她们提供 24 种不同选择。虽然 24 种果酱展示吸引了更多人驻足观看，但 6 种果酱展示所带来的实际销售量却更大。最后的销售结果是，提供 24 种果酱的选择，有 60% 的顾客驻足关注，但只有 3% 的顾客选择了购买；提供 6 种果酱的选择，有 40% 的顾客驻足关注，有 30% 的顾客选择了购买。该实验表明：随着选择的增多，人们做出决策和行动的能力是在下降的，并不是选择越多越好。

新学期开学典礼的时候，高二（6）班的周治韬同学做了"你爱着什么"的主题分享，里面提到"我们要弄清楚自己喜欢什么、想要什么，进而对自己的生涯做出规划"。杨天骅同学也提到"思考好自己内心向往的是什么，在面对选择时，选择你真正想要的那个选项"。上述实验后,研究人员又进行了升级版实验。升级版实验以咖啡为主题,参与实验的人有两种:普通人群和对咖啡有研究的人群。实验发现,在专业人士(对咖啡有研究的人)身上,选择多并不会带来决策和行动的困难。所以,只有对自己有了更多的探索和了解之后,在目前存在更多选择的环境中,我们才不至于手忙脚乱和盲目。

进入高中之后,面对丰富多彩的选修课程,面对琳琅满目的"百团大战"(上百个社团),面对包容自由的环境,我们的选择确实变多了。如何让"选择多"成为一件好事而不是决策困难,就需要我们保持对自己的不断探索和了解。

以下几点也许可以帮助我们更好地探索自己:第一,每天给自己一小段时间,可以是5分钟,回顾一下自己今天的日程,知道自己在做什么。第二,面对选择时,多问问自己内心的需要是什么。第三,面对未知和恐惧时,试着向前走一小步,突破一点点。

面对更多的信息,面对更多的选择,你准备好了吗?让我们一起试着找找自己心中的"定海神针"。

平衡与平衡之间的过渡空间

文:娄俊颖

社会心理学家海德于1958年提出了平衡理论。该理论认为,人们用一种平衡的方式自发地组织他们的认知及行为倾向。当人们选择这个理论来解释人与环境之间的关系时,考察的重点在于人与环境的互动模式,以及如何将不平衡状态转变为平衡状态。

当人们发现自己与新的环境之间有很多方面具有相似性时,就容易处于平衡状态,对新事物易于接受,情绪也会是愉悦的。如果人们发现自己在很多方面与新的环境有差异,且差异很大,即处于一种失衡状态,也就容易引发焦虑、恐惧等情绪。

进入深中,对于大部分同学来说,是一个打破旧的平衡、建立新的平衡的过程。在生涯课堂上,当谈及理想深中和现实深中时,有的同学列举了一些比自己预期还要好的地方,比如食堂的饭菜比想象中的好吃、宿舍的环境没有想象中的差、学长团的学长们的确如传说中那么友好等。这些符合理想的部分,让我们快速地完成了过渡,满足了基本需要。

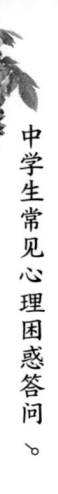

有的同学列举的一些方面，则让初高中生活的过渡显得没有那么顺畅。比如，国际体系的学业生活没有之前想象的那么轻松，一切都要与 GPA 挂钩，参加社团都要想着怎么做才能表现得更好；荣誉体系的"大佬"们实在太多，学霸只是入门级别；宿舍的环境简洁实用，但是人际关系却有点复杂；等等。这些方面填满了我们从上一个平衡状态到新的平衡状态的过渡空间，让我们很迷茫，不知从何入手；很焦虑，不知如何应对；很惶恐，不知如何行动。

每一次的转折都会伴有焦虑，而焦虑过后就是新的平衡。

如何度过这段有点难熬的日子，让旧的平衡进阶到新的平衡呢？

一、与自己的情绪待一会儿

新旧平衡之间主要存在的情绪既有失落，比如要告别昔日的好伙伴、昔日熟悉的老师和曾经辉煌的自己，也有焦虑，比如如何平衡学术和活动，确立新的目标，成就比别人更好的自己。当这些情绪涌来的时候，你会用什么方式来对待它们呢？是逃避还是想迫不及待地驱赶它们？如果你看过电影《头脑特工队》（没看过的，推荐指数 5 颗星），我想这两种方式产生的结果在这部电影里都已经生动地呈现过了。我想到的比较好的方式是和自己的情绪待一会儿，因为每种情绪都有其价值，你愿意和你的情绪待一会儿就是对它们的接纳，这样你才有机会看清它们因何而来，也才有办法适当地管理它们。

二、每个人建立新的平衡的时间不同

可能有同学会说，我焦虑情绪的来源是：别的同学很快就在深中如鱼得水，很快就交到了新朋友，很快就有了自己的目标，而我还在寻找，还在苦苦挣扎。新旧平衡之间的过渡空间是每个人的必经之路，有的人走得快一点，有的人走得慢一点，这取决于每个人的个性、思维模式、习惯等很多方面。比如有的同学热情奔放，比较容易在新的群体中快速找到朋友；有的同学属于慢热型，习惯于先观察，喜欢结交与自己志趣相投的朋友。快与慢是相对的，适合最重要。在建立新平衡的过程中，重点是要相信自己可以走过来。如果想让自己稍微快一点，不妨冷静下来想一想，是什么让自己显得有点慢，比如太沉溺于过去，致使现在裹足不前。

三、求助、整合、积极行动

过去的太多美好回忆，都值得我们留存心底。立足当下，我们所做的一切努力，其实都是想让现在成为未来的美好过去。如果你的过去太过顺利，没有太多的经验应对当下的问题，那不妨主动求助于学长和学姐，让他们来分享成就他们美好过去的经验，也可以求助于老师，让他们谈谈怎么做可以让你现在更顺利，当然还可以求助于你的爸爸妈妈。最后，你要将这些人的经验纳入你的设计体系中。"装备"到位了，接下来就是立即出发。毕竟，只有步子迈出去了，才有所谓的快慢对比。

解忧问与答——与你同行

整理：刘本荣

当我们的忧愁被看到并被真诚地回应的那一刻，我们便有了改变的力量。

进入深中这一个多月里，就像一个同学所说的，大家正在经历一个自适应过程，这个过程必然会经历"混沌"和"不平衡"，伴随着很多担忧和恐惧。

在生涯规划课的适应模块第一课里，同学们先写出"进入高中后，我最担心和焦虑的一件事"，之后每个人都化身《解忧杂货店》里的解忧人，去给彼此回信。大家的回信充满真诚，同时不乏幽默和智慧。

看到彼此的提问，你会发现，所有人几乎面临同样的处境，大家担心和焦虑的事情有诸多类似之处。不少同学直接表述"你的问题也是我的问题""我也有这样的烦恼"。所以，当你感觉自己现在就像"一个人在黑暗中前行"时，请记住你并不孤单，你不是一个人。而作为解忧人，你会发现，当你为别人解忧的时候，你也是在为自己打开心结；当我们在共情他人的时候，也是在理解自己。

以下是大家提问和解答的分享。

一、学习类

问题： 数学/物理听不懂、学不好，作业也做不完，怎么办？

回答：

你的问题也是我的问题。你可以多请教老师和同学，数学讲求的是思维和方法上的通透。不要总抱着苦恼的心理，尝试着把每一个"我想学好"的想法转化为"我可以学好"，给予自己多一份自信，避免精神内耗。相信自己，你一定可以的。

——37班李同学

每节课把不懂的问题一个个记下来，然后多问老师和同学。根据我的经验，有时候可以试着"让子弹飞一会儿"，过几天说不定你的疑惑就解决了。

——37班陆同学

量力而行，不一定要追求高难度的压轴题，而应多花时间在提高自己能力的题目上。如果基础性的知识搞不懂，一定要多问。

——37班裴同学

要永远相信，办法总比困难多。

——27班某同学

问题：（1）担心比不上周围的同学，跟不上学习进度，最后考不上理想的大学。（2）高中课程太难，压力太大。（3）担心第一次期中考试排名靠后。

回答：

如果无法成为星星，就成为追星星的人吧！其实我觉得每个人的学习节奏是不同的。可能有些人暑假时就在努力，而有些人利用暑假去放松自己。我并没有说你没有努力哦！我是希望你自信，当下小小的迷茫与困惑也只是当下罢了，把握自己的步伐，不断向前吧！而且，有厉害的同学岂不是更好？抱住他的大腿！至于大学，我觉得你真的好厉害，目光真的太长远啦！其实高中生活才刚刚开始，路还很长，只要你不灰心丧气，即使结果不如你所想，你也一定不会后悔。

——37班胡同学

从问题根源出发：学习进度为什么会落后？是学习方法出了问题，还是学习不够努力，抑或没有适应紧张的高中生活？解决问题要从根源出发，要时刻记住：能进入深中，足以证明你已是同辈之佼佼者，一定要改变对自我的认知评价，凡事向好的方面看，开学期间的落后并不重要，重要的是对新阶段学习生活的适应。

——31班付同学

学习肯定是会有压力的，就像你上初三时那段难熬的日子，现在你已经进入了一个好平台，自然比别人看到的更广、更深刻。有压力也是好事，没有压力会让你觉得无所事事。被什么压迫着，就想着朝反抗压迫的方向前进。和自己比，只要比上一次考试／习题错得少，就是一种进步。

——31班某同学

不要"想得多"，而要"做得多"。

——31班潘同学

三年的时间还很长，不去冲一冲，怎么知道自己到底是行还是不行呢？

——31班李同学

我的方法是边破口大骂学习好难边赶紧学习。毕竟这样才能从根本上解决问题。

——31 班刘同学

你跟不上，我们陪你。

——28 班某同学

没关系，我给你垫底。

——28 班某同学

问题：（1）担忧深中内卷伤身体。（2）周围人太优秀且太卷怎么办？（3）同学们太卷，被拉飞机怎么办？

回答：

第一，做好充分的思想准备，不要害怕内卷，用心践行之。

第二，强身健体，提升自己的内卷能力和体力，奋战到底。

第三，相信自己的毅力，不屈服。

第四，just do it！

——31 班某同学

每个人都有自己的节奏，有自己前进的步调，你只需要做最好的自己，跟着自己的节奏走就行。

——31 班某同学

不要担心，每个人都有自己的学习方式。有人卷到高二知识点，期中期末考试不一定考得过认真复习高一知识的同学。如果其他同学只是在复习学过的知识的话，这就不是内卷，而是对知识的巩固，你与其担心，不如抓紧复习。别被别人打乱了自己的学习节奏，考试考的是深度而非广度。加油！

——31 班黄同学

第一，卷说明你周围的人都很上进，这样你会有一个竞争的环境。

第二，你要根据自身情况，如果你学有余力，则可以加入他们，互相竞争，互相激励，互相提高；若你觉得太累，则可以选择放松，但要认真听老师讲课，以弥补你没卷的"过错"。

——28 班曾同学

二、人际类

问题： 感觉融不进去。

回答：

在我看来，就像世界上有不同的色彩一样，世界上也有不同的人。既有开朗热情的人，也有内敛安静的人。这都是正常的！我并不认为这是一种遗憾，而是一种财富呀！我喜欢跟同学玩闹，但如果看见像你这样的人，我会觉得你很温柔稳重，很羡慕你拥有这种特质。

你要相信，就像水和油互不相容一样，人与人之间无法融合也许是因为他们不属于同一种人，但并无对错之分。如果你碰到能融入的人，他一定会欣赏并爱上你的内心！也许你比别人付出了更多的等待，但你会收获更真挚的情感！希望我们能成为好朋友！

——37班罗同学

问题：感觉被所有人漠视。

回答：

首先，这在理论上是不可能的，现在没有人关心你，不代表以后没有人关心你。

如果现在如此，可以尝试与其他人交谈，了解被漠视的原因，从而改进自己，改变现状。若实在不行，则找老师等长辈寻求帮助，我相信一定会有人关心你的。

如果现在如此，想尽办法而无果或效果不明显，那就说明，那群人也许不值得你去重视。既然来到了这里，又怎有不被关注反而被孤立之理？

可见，被人漠视有可能是你缺乏自信所致，故我认为你可以寻找那些关心你的人（如前面所言，一定有这样的人），那些你相信的人，让他们给出你意见。

作为解忧人，我建议你相信自己，不要一味与他人比较，甚至贬低自己，相信你一定会遇到一个、几个、一群关心你的人、爱你的人。

——38班陈同学

问题：我很孤独，不会有人懂我，也不会有人想要懂我。

回答：

这样想就未免太悲观啦。如果先入为主地认定没有人能当你的知心朋友，那么当他（她）出现时，你也会错过的。

其实，孤独在当今社会是一个很常见的问题。不要放大这个状态，但我很开心你能勇敢地问出来。尝试去放开自己吧，去给别人了解你的机会，也主动去了解别人。在找朋友的同时也要成为自己的朋友，学会让自己快乐地生活，去发现自己微小的闪光点，去读书，去运动，都是不错的选择。祝你成功！

——27班吴同学

问题：（1）没有人主动找我聊天，我有很多话找不到人说。（2）没有一个很好的闺蜜陪我谈心，我旁边的人好像都觉得一个人干事效率更高。

回答：

我很理解你的处境，因为我也曾面对过这种情况。事实上，除了一些"社牛"同学，其他人都很少主动找人聊天。既然这样，不如先让自己做出一些改变。根据本人的亲身经历，只要你鼓足勇气迈出第一步，一定可以交到好朋友。如果实在没有人可以倾诉，你就把心中的话写在日记本或者周记本上吧，也许写出来后你就会有新的体会与感受。等几年之后再翻出来浏览一下，也是一个不错的回忆。

——27 班周同学

虽然我可能不能完全解决你的问题，比如教你怎么找闺蜜之类的，但我会提出自己的见解。我认为高中生应该学会独立。人并不总能找到可以真心相待的知己。如果你实在无法适应，你可以找一些能代替闺蜜与你谈心的人。比如说你和家人关系很好，就可以和家人谈谈；如果你不愿意，也可以找心理委员、心理老师等"学校资源"，为自己排忧解难。

——27 班宋同学

问题： 担心得不到他人的认可。

回答：

得到他人认可最简单的办法就是帮助他人。比如，你的学习成绩很好，你可以帮助周围学习上有困惑的人；如果你没有什么学习优势，那就真诚、友好地对待周围的朋友。一个真诚友善的人多半能得到别人的认可。

——27 班某同学

问题： 找不到男/女朋友怎么办？

回答：

静待花开，在合适的阶段做合适的事情。

——31 班某同学

你若盛开，清风自来。

——33 班某同学

你需要一个喜欢的人；

你需要追求的勇气；

你需要一颗深邃、有思想的内心；

你需要多读书，提高自我修养，可以读《心理学与生活》这样的书籍。

——28 班某同学

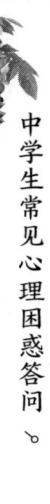

三、选择类

问题：（1）想加入的社团太多了，怎么选？（2）在月亮（竞赛）与六便士（作业）之间挣扎。

回答：

实在不会选，抛骰子，当你抛出骰子的那一刻，你心里就有答案了。

——38 班某同学

当你把竞赛比作月亮，把作业比作六便士时，心里就有答案了吧。

去追寻自己所喜爱的吧！

——38 班石同学

四、其他

问题：想念初中。

回答：

同感哟。相信大家都会很想念初中，那里有自己相处了三年的朋友、有亲切的老师，我们不愿意走出那个舒适圈去挑战一段未知的新生活。但这是每个人都会经历的，我们可以将这段记忆深藏，温暖我们未来的生活，相信前方会有更好的风景，而身后亦有温暖的港湾。

——28 班潘同学

问题：（1）周围同学都太厉害了，我没有初中那么耀眼了。（2）周围同学太厉害了，我知道自己肯定不会像初中那样优秀了，感觉不太适应这种变化。

回答：

这是成长中的重要过程吧，当你到了一个更加优秀的环境中，才意识到世界之大与个体之渺小，学会虚怀若谷，才能真正成长为一个更优秀的自己。

——37 班邱同学

这说明本质上你还没有准备做出改变。身边的人变强了不代表自己变弱了，保持自己的初心，不畏惧别人的眼光，坚定地迈出一步。倾听自己内心的声音，做一些自己想做的事情，尝试想尝试的，交想交的朋友，做这些事能让80岁的你回首高中生活时不后悔。

——37 班欧阳同学

心理学研究认为，人类对于外部世界的认识可分为三个区域：舒适区、学习区和恐慌区。处在不同区域的人会表现出不同的心理状态。

舒适区是让人觉得舒服的区域。处在这个区域里的人会觉得放松、稳定，很有安全感。

学习区是最能让人进步的区域。处在这个区域里的人愿意学习新的知识、掌握新的技能，不断尝试新鲜事物，探索未知领域。

恐慌区是学习潜力最低的区域。处在这个区域的人常常感到忧虑、恐惧，心理压力巨大，以至于不堪重负。主动进入学习区，不断开拓思维、开阔视野、激发潜力，是摆脱恐慌区的最佳方式。

如何扩大自己的舒适区呢？

第一，克服心理障碍。舒适区外一定是困难重重的，所以必须克服自己的心理障碍，直面困难，接受挑战，勇敢地在舒适区外创造奇迹。

第二，改变原有的习惯。科学研究表明，一个人只要坚持四周就能改掉一个旧习惯，或者培养出一个新习惯。我们要思考自己真正需要改变的是什么，把目标分解成小目标，按步骤一步步完成。

第三，找到合适的同伴。改变的路上，既需要确定合适的目标，也需要找到能与自己共同进步的同伴，互相督促，互相鼓励。

第四，坦然接受失败。每次做新的尝试必然会有不适应，会有难题解决不了。不必回避它，做你应该做的事情，不要做你想要做的事情。坦然接受失败，这样才能长久保持冲出舒适区的勇气和动力。

悬想何益

文：王新红

2020 年 9 月，深中泥岗校区迎来了史上最多的高一新生。优秀者云集的环境，包含成长和发展的机遇，因为"三人行，必有我师"；同时，这种环境也使得每个人的"同辈压力"有增无减，因为"查佬"的光芒实在抢眼，照出很多人内心深处的酸意或苦味。

每个人处理这种酸意或苦味的方式是有差异的。这里借用心理学家阿德勒讲过的一个故事来说明如何看待这种差异。三名儿童去动物园看狮子，来到狮子笼前时，第一名儿童躲闪到母亲的身后，叫嚷着"回家吧"。第二名儿童站在原地，脸色发白，嘴里说的却是："我一点也不害怕。"第三名儿童目不转睛地瞪着狮子，问母亲："我能不能朝它吐口水？"三名儿童都在狮子面前感受到自己的劣势，他们用不同的方式，表达了相同的"害怕"的感受。

绝大多数人在深中要面临和完成的第一个重要挑战，就是接受普通人这个新身份，从一群普通人中的"优越者"这个位置，顺利过渡到一群优秀的人中的"普通者"这个位置。对正在倾尽全力回答"我是谁"这个问题的青少年而言，这种过渡并不容易。

自己花了40分钟还没有做完的理科作业，同桌20分钟就已经收工；

自己深夜还写不完作业，舍友已经在梦里吃炸鸡；

自己勤勤恳恳、认认真真学了半个学期，考出来的成绩却被每天还有时间看"闲"书的同学远远地甩在身后；

自己虽然学业不错，可是也只是学业不错，周围多的是学业优秀而且多才多艺的同学……

曾经支持着我们将深中作为自己梦想的那些优势和优势所带来的信心及优越感，在新的环境中似乎消失了。在深中这个环境里，很多人第一次或者再次体验到了不如他人的自卑。

之所以采用"似乎消失了"这种表达，是因为阿德勒曾说过："每个人都有自己的独特的优越感，这取决于他赋予生活的意义，而且这种意义不只是说说而已，它已成为个体的一种生活方式。"追求优越感这种生活方式并不会消失，而会以变形的方式显现：有人追忆初中阶段的荣光；有人享受手机带来的即时刺激和反馈；有人贬低和嘲笑同伴；还有人以诚实的态度承认暂时落后，然后日进有功。人人渴望超越自卑，获得优越感，这个目标本身是合理的，问题是：要选择正确的方向和道路。

茨威格在《人类群星闪耀时》中记录了那些影响历史进程的人和时刻。那些人在浩瀚宇宙中也只是"群星"。星星也闪耀，普通人和"优秀"这个词并非没有交集，普通人也可以具有优秀的特质。不要执着成为深中这顶皇冠上最大的那一颗或者很大的那几颗珍珠。

一个人超越自卑、追求优越感的最大阻碍是"想得太多，做得太少"。《传习录》中载："立志用功，如种树然。……初种根时，只管栽培灌溉，勿作枝想，勿作叶想，勿作花想，勿作实想。悬想何益！但不忘栽培之功，怕没有枝叶花实？"

不要幻想，不要逃避。这"悬想何益"，或者可以作为摆渡船，让需要过渡的你，在深中一帆风顺。

不放弃，不设限

文：郭明珠

期中考试前，生涯课程都在讲高中生活的适应，花3节课的时间来讲这样一个主题其实是有原因的。在以往高一下学期和高二的心理咨询个案里，发现很多学生的问题都与进入高中后的适应不良有关。环境的适应问题，诸如宿舍条件略差、食堂饭菜油多、Wi-Fi并没有全覆盖，在入学两个月之后，几乎都会随着时间调整好。人际关系的适应问题，随着各种社团活动、小组作业，在更多的互动中，也能得到解决。在适应的诸多事项中，自我定位的适应是较难的。

A同学初中成绩优异，进入深中之后也很努力，但第一次考试的成绩出来，排名是以前考试中没有出现过的班级中下，他顿时丧失了信心，想着下学期转方向、转体系，他感觉现在的竞赛课程就没有必要学了。到了高一下学期，上课已然是听天书的状态，就想着高二文理分科时我就选择理科吧，文科就暂时放下。可想而知，他高二又经历了什么。A同学的经历可能是自我定位没有及时调整带来的后果，他初中的时候已经习惯于自己名列前茅，是人群中的佼佼者，但是进入高中后，班级中下的排名一下子就让他感觉到自己是"不行的"。其实，在优秀的群体中，即便处于中下水平，他仍然是佼佼者！

自我定位的适应，恐怕是名校的独特文化，过了这一关，我只想说："同学，你的生存能力指数大大提升了！"曾经有同学说，来深中之前已经想到会是这样，但身临其境的时候，还是感觉备受打击，他的感受是：一步天堂，一步深渊。

在适应起始课上，同学们做了一个无限高的游戏，游戏的规则是：每个小组将随身携带的东西在小组圆圈中心垒起来，看哪个组垒得最高。在游戏的过程中，有个小组发现自己成员随身携带的物品很少，有些组员就发出感慨"我们肯定赢不了"，于是随意摆弄了一下就不再尝试，有些组员在大家放弃之后，蹲下来再做尝试，并想办法，结果垒出了班级最高的高度。有些小组因为携带的物品比较多，不到两分钟就垒出一个比自己个头还高的高度，我过去问他们"还能更高吗"，同学们纷纷回答"不能了"，有个同学先是沉默，然后陷入思考，最后在顶端加了一张细纸条。我想，这个活动给我们带来了很多关于适应的启发，而我最想跟大家分享的就是：不放弃，不

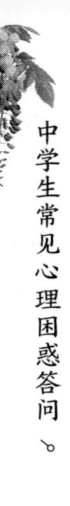

设限。上了高中，我们一定会遇到很多挑战，我们要有一种不轻易放弃的坚定；在对自己能力的评价上，不要设固定的框框。

祝大家在适应的过程中不放弃、不设限，顺利完成自我定位的转变！

适应角色树

文：郭明珠

适应模块是高中生涯规划课的第一个模块。多年的工作经验让我认识到适应是很重要的，尤其是在深中。一方面，我们学校活动比较多，同时也相对自由，生活向你抛出了更多的橄榄枝，选择多也恰恰说明了诱惑多、事情多，容易很忙也很"盲"；另一方面，进入一群优秀的人中间，最开始总是喜悦的，说明自己也是一名优秀的人，但过一段时间后，身处其中的你也会怀疑究竟自己是不是真的优秀。

可能我理解的适应，不仅包括生活上的自理和学习上的转变，还有很重要的一点——对自己在一个新环境中的认识。上课的时候，我让同学们写写自己遇到的一个困难，大家写的大概是以下这些：

作业好多，新课听不懂，我似乎是这个班里唯一的笨人；

理科超级难，老师讲课快，文科又背不会，真的是"文不背、理不会"；

每天说要早点睡却总是睡得晚，做题总不对；

宿舍很吵，有些舍友好奇葩；

感觉跟其他同学玩不到一起，说的话总是得不到回应；

…………

对于这样的困难，解决的办法并非没有。很多时候，我们即使知道解决的办法也不会选择那么做。比如有同学提到参加社团还要面试，"好紧张哦"。课堂上有同学给出的解决办法是：多面试一些社团。是啊，这是一个很好的解决办法，但是有些同学面试了一两个被否定之后就发誓再也不参加社团了，有些同学在被拒之后继续参加下一个面试。面对同样的问题，不同的同学采用了不同的处理方式，为什么呢？我觉得真正妨碍我们的，是我们内心对自己的评估和认识，是内在的自己。

心理学上有一个实验：死囚实验。以一死囚犯为样本，对他说："我们执行死刑的方式是放血。"这位犯人表示愿意这样做。实验在手术室里进行，犯人在一个小间里躺在床上，一只手伸到隔壁的一个大间。他听到隔壁的护士与医生的对话，准备对他放血。护士问医生："放血瓶准备 5 个够吗？"医生回答："不够，这个人块头大，要准备 7 个。"护士在犯人的手臂上用刀尖点一下，算是开始放血，并在他手臂上方用一根细管子放热水，水顺着手臂一滴一滴地滴进瓶子里。犯人只觉得自己的血在一滴一滴地流出。滴了 3 瓶，他已经休克，症状与放血一样，但实际上他一滴血也没有流。

从这个例子我们可以看到自己的内心是如何强烈地影响到我们的。所以，我建议大家在入学一个多月后，给自己留半天时间，好好地想一想自己入学以来的生活、发生的事情，进行一次反思。大家也可以使用下面的"角色树"，图中的人分别代表了我们进入深中之后的不同状态，你觉得自己最像哪个人？为什么？

有同学选择了这样的一个人物，她认为自己来到深中，原来以为自己还挺厉害，但是现在内心产生了一种恐慌，因为她感觉自己方方面面都在往下掉。

有同学选择了这个坐在树上的人，他觉得进入深中以来，他比较多的是一种旁观者的心态，看着大家，如果有需要也会去帮忙和参与，但不会特别投入。这个坐在树上的人的视野是在下半部分，所以他知道大部分人都在做什么。初中的自己可能会选择最高位置的那个人，但是就是因为自己总与更好的人去比较，所以常常感到压力很大，迷失了自己。

著名的自然教育大师珍·古道尔曾说："唯有了解，我们才关心；唯有关心，我们才会采取行动；唯有行动，生命才会有希望。"我想，这句话之于我们自己也是一样的。每个人都有自己的状态和成长轨迹、发展速度，更重要的是自己了解自己，并清楚自己需要做什么，然后一点一点去做，而不是在这个过程中迷失自己。

新学期计划：平衡、平常心

文：刘本荣

在一年里，我最喜欢新年。新年意味着开始，开始意味着过去的日子无论多么混乱不堪，都可以既往不咎、重新再来，开始意味着希望，就像窗外的绿芽新苞，看着都让人心生憧憬。尤其是当我郑重地写下一个完美的新学期计划时，那一刻就好像自己真的已经按计划完成了一样，全身充满了斗志，仿佛看到了一个崭新的自己，特别兴奋。可是大多数情况下，等不到期末，我就已不忍回首当时的热血沸腾。你懂的，最后计划里的大部分都无疾而终。

终于有一天，我鼓起勇气翻出当时的完美计划，冷静地分析，发现计划里除了工作还是工作。我忽略了家庭生活同样需要我花时间投入，且不说作为一个家庭的女主人本来就需要用心经营家庭生活，更何况运转和谐的家庭生活才能保障我心无旁骛地工作啊。我忽略了一些专业学习时间，持续不断的专业学习才能让我保持工作中的胜任感。我还忽略了自己需要适当休闲和运动，只有劳逸结合才能让我作为助人者不会心力枯竭。总之，我没有看到生活的全貌，我只是把一部分时间做了规划，而忽略了其他领域。其他领域也许只需要投入20%的时间和精力，但对我整个人却有着80%的重要影响，不可忽视。所以，不对各个领域做全面统筹的计划根本不符合生活现实。在遇到现实困难和冲突时，原有的完美行动方案必然会大打折扣甚至被放弃。现在，当我再做新年计划时，我会更加理智和清醒，我意识到我是一个人，而不是一台工作的机器；我需要使我的生活和工作的各个方面、我所扮演的各个角色之间平衡、和谐，而不是让自己更完美。

另外，我还发现自己大概因为新学期之始过于热情高涨，所制订计划的行动强度实在高得离谱，让清醒后的自己也哑然失笑："肯定完不成啦""每天五点起，不切实际嘛"。这让我想起来那句名言："苟有恒，何必三更眠五更起；最无益，莫过一日曝十日寒。"其实，最重要的不是能起得有多么早，而是每天都能坚持啊。如果不能每天坚持，写在那里无疑是掩耳盗铃。从这不切实际的高强度行动计划里我还看出自己渴望达成目标的迫切。但恰恰是因为太在乎目标的达成，反而让自己失去了平常心，所以在遇到困难和冲突时更容易陷入高度焦虑和自责的情绪中，内耗太多就没有精力做出真正的行动。其实就如王阳明所说："立志用功，如种树然。方其根芽，犹未有干；及其有干，尚未有枝。枝而后叶，叶而后花实。初种根时，只管栽培灌溉，勿作枝想，勿作叶想，勿作花想，勿作实想，悬想何益！但不忘栽培之功，怕没有枝叶花实？"列一个符合自己实际情况的计划，不妄图一口吃个大胖子，最重要的是扎扎实实地专注于当下，保持平常心，把结果交给时间。

那么你呢？新的学期你有什么样的计划？你会怎么做？无论你确立了什么样的目标，我都想把自己这份反思里悟得的"平衡"和"平常心"作为新学期寄语送给你，一起共勉！

拥抱不确定性

文 / 刘本荣

来到深中一个多月了，有的同学感觉到迷茫，不清楚自己的能力到底是强还是弱，究竟在哪方面有天赋；有的同学对"我到底是一个外向的人还是一个内向的人"感到困惑，"初中的同学都觉得我积极活跃，来到这里我却发现自己有点自闭了，不愿意多和别人讲话"；有的同学突然感觉自己有些反常，明明知道时间不够用，却忍不住刷手机……这种状态下，你会有什么样的感受？也许会有焦灼、恐惧和担忧，但似乎还掺杂着一些莫名奇妙的兴奋。

心理学家克罗尼（Krohne）提出，当一个情境不可预测、复杂、无法解决时，就导致了情境的模糊性。情境的模糊性导致了人主观上的一种知觉状态：不确定性，也就是我们通常感受到的迷茫、困惑等。而恐惧、焦虑同时夹杂着兴奋是人面对所有未知和不确定性情境时的一种正常的情绪反应。从进化心理学的角度来看，它实际上是一种很古老的人类反应。人类在面对所有的未知情境时都会有类似的感受，它既具保护性，也具冒险性，是人们探索的起源。确定性带来稳定的感觉，不确定性带来恐惧和好奇的感觉，使人们不得不应对变化。但随着人类改造世界能力的增强和自信心的膨胀，人们越来越渴望追求确定性和对世界的控制感，同时忍受不确定性的能力也在逐渐退化。

心理学研究表明，当一个人对不确定性状态无法忍受的时候，会倾向于做出一系列消极反应。认知上，认为不确定性会产生不好的后果；情绪上，面对不确定性会表现出挫折感和压力，从而可能高估不确定性事件带来的困难；行动上，总是尝试去控制未来和避免不确定性，如在做决策时，更倾向于选择眼前利益，而不是选择对自己更有利的方式。比如有的同学学了一个月物理后说"原来高中物理那么难，看来我不是学物理的料"，殊不知这困难是在刚进入全新的知识领域时必然会遇到的；有的同学因为无法忍受刚来深中时没有知心朋友的孤独，宁愿在网络上经常与初中的好友联系也不愿意在现实中主动建立新的人际关系，殊不知主动去结识新的朋友才是走出目前孤独处境的更长远也更有利的方式。

正因为大量不确定性情境的存在，才有了丰富多彩的人生。尽管确定性可以帮助我们建立对这个世界、对自我稳定的感觉，满足人内心最基本的安全需要，但如果太急于追求时时刻刻的确定，如身份的确定、定位的确定、关系的确定、环境的确定、答案的确定等，可能会导致我们更多地选择回避不确定性情境，回避各种风险，从而丧失了拓展自我、人际关系、人生和创新的机会。尤其是在青少年时期，如果过于追求确定感，生活就会过早地固化或僵化，生涯发展之路可能会越来越狭窄。

也许确定性会告诉你，你现在还是不是第一名，但是不确定性会告诉你，你是变化的，是成长的，你可以在更多的领域发现你的天赋、找到你的价值。所以迷茫也罢，困惑也罢，它也是你的多彩青春里不可缺少的一部分，它蕴含着你创建新的自我的机会。我的能力是强还是弱？我到底是外向还是内向？现在的我怎么和以前的我表现不一样？答案不是最重要的，当下的行动才最重要！不要用过去确定的标签束缚住自己的手脚，拥抱和享受当下的不确定性吧，因为它给了你最大的活动空间！既然我们已经步入了一个新的人生阶段，那就让我们带着一种全新的态度去迎接这丰富多彩的变化；既然你选择了这样一所自由而多元的学校，就不要用旧有的价值观去评判它带给你的感受。让我们放下对确定性的执着，犹如刚出生的婴儿来到这个世界，虽然心中有恐惧，但是仍然对未知充满了好奇，充分利用深中为我们提供的资源和平台，勇敢地去行动、去探索、去创造，用更自由的方式面对这一系列变化！

可达成的"可能性"

文：庄思琳

开学典礼上，"可能性"串起了每一段发言，发挥着画龙点睛的作用。有同学说，在支教的实践中感受到了"可能性"的传递。校长认为，教育是为了发现并开拓学生

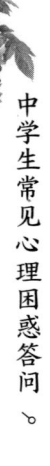

更多的"可能性"。面对种种的可能性，每个人都有着自己独特的理解。对我而言，我愿意将其理解为"积极的心理暗示"，或者说我们可以通过积极的心理暗示来相信这些可能性的存在，并且这些可能性是可以达成的。

在开学之际，我们都习惯于为新学期订立计划与目标，我们希望在新学期能够发掘自己更多的可能性，或者实现自己的小目标，这些都是振奋人心的，也是一个好的规划和开始。然而我们也会时不时冒出各种担忧，害怕自己半途而废，担心自己没有足够的能力等，这些担忧或许是"假想敌"，或许是真实存在的。尽管如此，我们还是要给自己足够的积极心理暗示，去实现"可能性"。虽然存在着各种阻碍，但是我们要有足够的信心克服并坚持下去。

我们总说人的潜力是无限的，这或许也是"可能性"存在的基础，就如同冰山中淹没在海平面以下的部分，其体积远超我们的想象，那部分便储藏着我们的各种可能性，我们可以做的，就是去相信这些可能性的存在，再通过自己的努力和坚毅去将这些潜力挖掘出来。其中，积极的心理暗示发挥着重要的作用，它能在关键时刻给予我们信心。达成目标的前提，便是要相信这个目标是可以达成的，将其转化为一种续航的信念，帮助我们抵达终点。

最后，在学期伊始，摘录一段诗送给你们：

既然选择了远方

便只顾风雨兼程

……

我不去想身后会不会袭来寒风冷雨

既然目标是地平线

留给世界的只能是背影

一切，都在意料之中

你好，普通且特别的自己

文：郭明珠

2019年悄然到来，来不及去细细品尝过去一年的经历和收获，马上又要迎来期末的各种作业和考试，大家果真是忙完了今天，接着忙明天。

不少同学会有一种感觉——越长大，不确定的事情就越多，很多东西不在自己的掌控之中，也不太搞得懂自己。"学习搞得懂知识点，搞不懂解题，不太清楚采用什么方式能学得更好；不太能理解公共的规则和行为；进入深中，对自己越来越不确定，我到底行不行？能力如何？一会儿自我感觉良好，一会儿又觉得自己挺渣；有时候还挺孤独，再好的朋友坐在一起，也感觉不到互相理解。"越来越多这种模糊的、不确定的感觉，让我们有一些惶恐、不安、焦灼。

著名的心理学家埃里克森认为，12～18岁的人所面临的主要挑战是"自我同一性和角色混乱的冲突"，通俗来说，就是我们会探索自己是一个什么样的人，自己在他人眼中的形象，以及在社会中的角色是怎样的。这里面很重要的话题就是我们如何认识自己，如何看待自己。

周末我刚好在家看了一部电影《你好，之华》，电影讲述的是两姐妹之南和之华从青春期开始的故事，初中时期的之南是学校里的风云人物，而之华只是姐姐耀眼光环下的一个普通女孩。尹川喜欢上了之南，并委托之华为他传递情书。在一番相处之中，自卑的之华情窦初开，喜欢上了尹川，并鼓起勇气向他表白，却最终被拒绝了。多年以后，之华嫁给了一名程序员，过上了平淡而温馨的生活。而姐姐之南在大学时虽然跟尹川走到了一起，却因为不速之客张超的介入而离开了尹川……

细想想，我们每个人都是之华啊，普通、平凡。我们都曾羡慕过比我们好的人，也希望成为那样的人。但是我们还是自己，能守住自己的人尽管不出彩，但却是真正的智者。像电影最后的台词一样："相信中学时代对于每个人而言，都将是终生难忘，也无法取代的回忆吧，如果你问我未来的梦想和目标，我一下子也没法说得特别具体，但是我觉得，这样也很好，这恰恰说明我们的未来有无限可能，我们的人生选择丰富多彩。"

我想，成长中的我们，就是在很多的模糊、不确定中摸着石头过河，探索关于自己的特别。不管你是什么样子，请都不要轻易感到厌倦，你的每一刻都是值得的。那些无人问津的悲喜，最后也都会变成浮生的密码，等待揭秘。珍惜普通且特别的自己，慢慢去接纳，细细去品味，勇敢地前行。

第二章 如何拥有好朋友

关心他人，也是一门功课

文：刘本荣

第二学期的开学第一堂课，我问："同学们，这一学期你是否给你的'小天使'表达过祝福或者关心？哪怕只有一次也请举手。"环顾整个班级，举手的人寥寥无几。我问："大家是否还记得自己'小天使'的名字？"绝大部分人的回答是"还记得"。于是，我好奇地问："大家怎么没有行动？"有人说："我的'小天使'是男生，男生关心男生，好奇怪。"我在心里默想，什么时候同性之间的交往有隔阂了？突然想到我的高中时代，那时男生关心女生会很不好意思，时代真的是不同了。

有人说："老师，我们不知道怎么表达关心。说实话，我们也没有时间去想这个问题，你还是给我们一些具体的任务吧，比如说什么时候该做什么。"一时间，班上鸦雀无声，所有同学的目光都凝聚在了这个直率的小男生身上。我从同学们的眼神里看到了佩服，看到了认同，也看到了胆怯。也许，这是一个让大多数同学都困惑的问题；也许，他们也因为这个心中埋藏已久、平日脑袋里一闪而过的念头而不好意思了；也许，他们是怕被批评或被指责而胆怯。

我问那些送过祝福的同学："你们平常是如何表达你们对'小天使'的关心的？"有的同学说："用一张小纸条或者小卡片，写上一两句安慰或祝福的话。"有的同学说："送一点小零食或者一瓶饮料。"后者居多。

我又问那些收到祝福的同学："当你们收到'小主人'送来的祝福时，你们有什么样的感受？"

"开心呗。"大多数人都比较淡然地回答，似乎觉得老师有些明知故问，收到礼物和祝福当然应该高兴嘛。

"被一个不知道名字的人关心是一种莫名的幸福。"一个戴着眼镜的秀气的小女生说这句话时满脸都洋溢着喜悦。

"我的'小天使'会送吃的给我,可是送的吃的不是我很喜欢的,而且看起来质量不太好,我希望说出来能让我的'小天使'进步。"又一个直率的小男生说道。这样坦白的分享让我有些措手不及,我有些担心他的"小天使",我不知道他是谁,但是他肯定伤心了,我真希望他在开学重新分班时已经被分到其他班了。

我突然意识到,也许我把这个游戏想得太简单了。这是一个关于"关怀与被关怀"的游戏,往深了说这是一个关于"爱与被爱"的游戏。同学们在这个游戏中遇到的问题在他们平日里与父母相处之时,在以后与他们的恋人相处之时,与他们的孩子相处之时都会遇到。"爱"作为一门需要终身学习的功课,每一项都包含着人之为人的丰富的、独特的体验。在这门功课里,没有固定的答案,更没有所谓的"爱的方程式",最核心的无非是"真诚"二字。可就是这两个字,却比各种方式方法更难学习。你"真诚"吗?答案在每个人的心里。

人际交往的基本原则:找呀找呀找朋友

文:刘本荣

曾经我们就如儿歌里所唱的"敬个礼,握握手"那样,很容易就会交到一个朋友。其实不管什么时候,交朋友都必须遵循一些心理学原则,了解这些原则可以让我们更容易找到适合自己的好朋友。

原则一:接近效应——朋友是"住在隔壁"的人

根据心理学的接近效应,我们接近并与之交往最多的人往往最有可能成为我们的朋友。正如我们在课堂上所分享的,很多同学在介绍"我们是怎样成为朋友"时,大多数人都会说"开学时我们是同桌",或者"座位离得很近"。不过所谓的"距离近能让我们更容易成为朋友",其主要原因在于这种情况为我们提供了更多实实在在的接触、互动和彼此熟悉的机会。如果我们坐在一起却不珍惜这样的机会,不主动了解对方,不互相交流、分享,不互相帮助,也很难成为朋友。

原则二：相似性原则——朋友是与你有些相似的人

很多同学说"我们之所以成为朋友，是因为我们有相似的兴趣爱好"。的确，许多心理学研究表明，相似性与喜欢之间有直接联系。越是呈现出与自己有相似点的人，我们越是会对其心生好感。这里所说的相似性不仅指客观上的相似性，包括年龄、外形、共同的经历等，也指主观感知的相似性，包括价值观（"三观正"就属于此列）、个性品质（比如都是活泼开朗的人或都是温和安静的人等）、人际交往风格（比如有些同学所说的"爱开玩笑却从不计较""比较慢热"等）。至于为什么相似性会更容易让我们成为亲密的同伴，社会心理学理论认为主要有两方面的原因：第一，在潜意识中，我们会感觉那些和我们相似的人会喜欢我们，所以在交往的过程中被拒绝的可能性就小。第二，和我们相似的人会给我们带来被认同的感觉，也就是说，他们的存在证明了我们的一些信念、态度等是正确的。谁不渴望被认可呢？

原则三：核心特征效应——朋友是热情的人

在一项心理学研究中，实验者给被试者一张列有五种品质的表格（聪明、灵巧、勤奋、坚定、热情），要求被试者想象一个具有这五种品质的人，结果被试者普遍把具有这五种品质的人想象为一个友善的人，对他的喜爱程度非常高。然而，实验者把这张表格中的"热情"换为"冷酷"，再要求被试者根据这五种品质（聪明、灵巧、勤奋、坚定、冷酷）想象出一个适合的人时，却发现被试者普遍推翻了原来想象的形象，而产生了一个完全不同的形象，而且对他的喜爱程度也大大地降低了。这项实验表明：热情还是冷酷，可使一个人对他人的吸引力发生实质性的变化。我们把实验中呈现的这种情况称作核心特征效应，这是指有一些人格特征，如"热情""善良""诚实""真诚"，包含了很多丰富的个人内容，一旦人们意识到某个人具有某项这样的核心品质时，就会把其他优良的品质也"配送"给他，从而愿意和这个人交往；相反，一旦人们意识到某个人具有一些不良的核心品质，比如"虚伪"，就会把其他不良的品质也"配送"给他，从而认为不愿意和他交往。

原则四：相互性原则——朋友是"投之以桃，报之以李"的人

相互性原则是说我们总是会喜欢那些喜欢我们的人，这里的相互不是指利益和价值上的互惠互利，而是感情的互动。自古以来，我们都重视"礼尚往来"，而礼节上的有来有往实际上传递的是对彼此的重视、尊重、认可的情感以及想和对方建立良好关系的意愿。

心理学研究发现，任何人都有保护自己心理平衡稳定的倾向。当别人对我们做出一个友好的行为，对我们表示接纳和支持，我们也会感到"应该"对别人报以相应的友好回应。否则，我们的行为就是不合理、不适当的。另外，我们对于行为合理性和适当性的理解也会投射到与我们发生相互联系的人身上。当我们对别人做出一种友好的行为，对别人表示接纳以后，我们也会产生一种要求别人做出相应回应的期望。如果别人的行为偏离了我们的期望，我们会认为别人不通情理，认为对方不值得我们报以友好，从而产生一种不愉快的情绪体验，对对方产生排斥心理。

如果在生活中有人对你表示友好，除非你再也不打算和他来往并能接受这一后果，不然还是要给予相应或者同样的回应，否则你可能会错失这个朋友。

原则五：白璧微瑕效应——朋友是 9 分完美的人

很多同学可能以为只有各方面能力或素质都很高的人才能交到很好的朋友。但心理学研究表明，一个群体中最有能力、最能出好主意的成员往往不是最受喜爱的人，有才能的人所犯的小错误反而会增加其人际吸引力。心理学家称这种现象为"犯错误效应"。实际上，我们在生活中也有这样的体验：能力出众而从不犯错的人会让人产生距离感或者交往起来给人压力，相反，能力出众同时又会犯错误的人更容易让我们感到亲切和容易接近。所以在人际交往中，如果要想在一个团队中获得认可或找到好朋友，我们不必要求自己处处完美，犯点小错误或偶尔呈现你愚钝的一面，给团队里其他人也留一些表现自己的机会，这些都会让你更加受欢迎。

了解了以上原则，对你交友有哪些启示呢？

亲密有间

文：郭明珠

在咨询过程中，有个人际交往方面的问题常常被提及："我想要有自己的空间，但是我的好朋友跟我黏得很紧，我觉得没有了自己的空间，不知道该怎么办。"

那种一个对视就你懂我懂、在失意落寞时能够获得对方支持的朋友能够让我们备感幸福。成为好朋友，是一种缘分。出去玩，当然不能落下；吃饭时，都要邀约在一起；学习时也不妨叫上对方，甚至连去洗手间也要拉上对方，我们是如此的亲密无间。但是，随着自己生活和学习上的事务越来越多，我感觉需要有自己独处的时间，但是又很害怕这份独处会向对方发出一种信号：我不那么看重你了。于是，还是勉强自己而迁就对方：晚自习时手头一堆作业，他过来聊天也不好意思拒绝；实践小组完成课题本来有一个很好的团队，但他要加入也觉得无法拒绝。

"有一天中午，我和朋友一起吃饭，对方问我是吃猪扒饭好还是鸡扒饭好，我突然就愤怒了，大声说：'关我什么事，你想吃什么就吃什么。'我说完就感到很后悔，对方当时也觉得莫名其妙，很委屈。"

这真的是猪扒饭或鸡扒饭的事情吗？其实是平日里自己那些想表达的真实感受被压制了，好像选择说出自己真实的感受会破坏友情，因此选择不说，而自己又没有空间释放。不能承受失去这两者中的任何一个，总是感到很矛盾、很累。

一段关系的开始总是亲密无间的，因为彼此在对方眼中都是最好的。但每一个人都是独特的个体，随着时间的推移，有时朋友之间就会出现不一致的地方。接受这样的不一致特别困难，因为这就要去接受对方并不是完美的、最好的，也要去接受自己并不是完美的。知道不完美和真正地接受不完美，这之间的路太难走了，很多时候就莫名其妙地以牺牲朋友关系为代价了。有同学向朋友坦言："我不能说出我对你的不满，因为你曾经那么好，而一旦我说出对你的不满，是不是也意味着我不够包容、不够好。"

其实，当我们认识到自己没有办法好到能够包容一切，去接纳对方不够好的地方，真诚地说出自己真实感受的时候，我们反而要对事不对人，告诉对方：我对你有不满意的地方，但在我心中，你依然很重要，我们的关系其实是在挑战中稳固了。

惜缘而不黏，让我们一起学习从亲密无间到亲密有间吧！

巧妙沟通化解冲突

文：黄润银

同学A在与同学相处过程中比较自我，言语之间经常会伤害到同学，比如有一次同学B考得比较差，同学A笑着跟对方说："你考得真的很差啊，比×××还差。"同学A觉得这是一句玩笑话，却一下子让两个同学都很不舒服。同学B本来就郁闷，一下子被激怒了，过去就是一掌，两个人扭打在了一起。

问题：当你情绪处于低谷的时候，你最希望听到的一句话是什么？

回答：

（1）别想不开心的，我请你吃你最喜欢的。

（2）一次考差了不要紧，总会好起来的。

（3）你看，我考得比你还差。

（4）静静地陪在你身边，看你有什么需要帮忙的。

事实上，上述问题并没有标准答案，但是上面任何一个回答都要比同学A的"玩笑话"更好。在相处过程中，换位思考是很重要的一种能力。当别人遇到问题或陷入困境的时候，你能从对方的角度理解对方的感受，这就是"共情"。这种"共情"会通过语言转化为对对方的安慰、鼓励、肯定和支持。

如何提高换位思考的能力呢？有一种很简单的办法：你可以想象或者回忆自己遇到类似情况时的感受是什么，你最需要什么。

有的同学在相处的过程中会遇到和同学B类似的困惑，当我们的需要、感受不被看见的时候，我们应该怎样表达自己、保护自己呢？请看下面这道选择题。

问题：在一次单元测试中你考得很差，你的同桌笑着对你说"你考得真差啊，比×××还差"，你会怎么回应他/她？

回答：

（1）说得你好像考了第一名一样。

（2）你很闲哦，作业写完没？

（3）真是考差了，跟你讨教一二？

（4）你这样说我很不爽……

上面任何一种表达方式都比用拳头解决问题更好。

在人际交往中，当对方触碰到你的底线时，你可以通过沟通来表达自己的想法和需要。直接表达自己的想法和感受比拐弯抹角更容易让对方接受，比如对方欠你100元迟迟没还，你编了很长一段故事再引出"你欠我的钱该还我了"，这样会显得不那么真诚。如何直接表达自己的需要，而且又能让对方接受呢？以下几点也许对你有所帮助：

（1）解决问题前，先解决情绪。在沟通的时候要就事论事，比如问题出现了，你可以尝试提出几种方案供对方选择，这样能更好地解决问题，而不能因为这个事而直接辱骂对方，这样不仅不能解决问题，反而会进一步激化矛盾。

（2）表达想法，指出对方的问题时语气平静、轻松。这样给人的感觉是对方有这样的问题是有原因的，比如欠钱不还有可能是忘了、开了不合适的玩笑是因为对方不

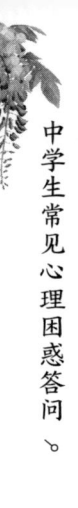

知道自己的底线在哪里……现在我们把问题说清楚就好了。

（3）对对方的错误或问题持包容、理解的态度。每个同学表达的风格不一样，有的同学是"亲和派"，有的同学是"幽默派"……不管是哪一种风格，只要恰当表达，把问题解决了就好。

为什么在高中不容易找到挚友

文：郭明珠

不少高一的同学在课间或在咨询室跟生涯老师聊天的时候，都会发出相似的感慨："好怀念以前的同学，在这里，还没有找到那么好的朋友""班里的同学都很好，也很随和，但是就是少了一种亲密的感觉""虽然我跟舍友也经常开玩笑，但是有时候难过了，也不太敢跟他们说，我不确定他们是不是愿意听"。在高中不那么容易找到好朋友了，为什么呢？

一、在友情期待上的变化

童年时期的好朋友，更多的是可以一起玩的伙伴。初中时，有一些共同的话题，两个人就很容易成为好朋友，比如有些同学的好朋友就是入学时第一个说话的人。进入高中，我们发现跟同学有话说，也能彼此帮助，但是两人之间的感情仿佛始终停留在普通朋友阶段。我们对好朋友的期待，不再仅仅是可以一起玩、一起说话，我们还希望寻找到与自己在价值观、人格、兴趣和生活目标上真正相似的人，我们希望友情可以更加深刻。

这个变化提示我们：在高中阶段，挚友的出现，相比以往需要更长的时间，也需要更多共同的经历，我们不必着急马上找到好朋友。

二、在自我接纳上的变化

心理学家埃里克森认为青春期是一个自我意识的确定和自我角色的形成时期，我们经常会考虑自己到底是一个什么样的人。童年时期，我们更多地从父母眼中看到自己。在青春期，我们会更多地从朋友的眼中去了解自己，从别人对自己的态度中、从自己扮演的各种社会角色中认清自己。在这个时期，友情对我们来说是非常重要的。青春期的自我认识是一个波动的过程，意味着我们向他人敞开自己的内心时会更加谨慎。建立友情的时候，我们会考虑对方对自己的接纳程度："这句话是不是可以说？""如果我表现得不那么好，对方是不是能够接纳我？""如果我对朋友的一些看法提出反对意见，会不会造成关系破裂？"其实，这些担心的背后，恰好反映了我们在这个阶段渴望被他人接纳的需要，他人的接纳会给我们带来自我的认可。

这个变化提示我们：可以先了解自己对自己的接纳度，提升自我安全感。在面对他人的接纳时，保持一种开放的态度。

也许，在高中交友确实不如以前容易了，但往往这个阶段的好朋友会陪伴我们未来很长一段时间。

"炸弹"还是礼物

文：郭明珠

青春期的学生常常会给自己一个设定，我是一个这样或那样的人，好像我未来也是这样或那样的人，并不相信自己的内在会发生变化。如果我是内向的人，那我未来也是内向的人，并且会更多地纠结为什么自己是内向的人，为此感到苦恼，很少去想未来的自己也可能是一个外向的人。人的心理跟我们的身体一样，也是会发生变化的。

最近我见了大学时的一位同学，大学时的她比较小气，斤斤计较，因为家庭经济状况的原因，她要花很多时间去挣得自己的学费和生活费，所以也不怎么跟同学来往，整个人很焦虑，给很多同学的印象是"她虽然学习好，但是不喜欢帮助别人"。本科毕业后她读了研究生，又工作了五年，这一次见她，让我感觉眼前的这个人跟大学时候的那个人简直不是同一个人，此刻的她淡然、自信，很有包容力，整个人都散发着正能量。八年的时光，我觉得她的容貌并没有发生多大的变化，但是好像换了个灵魂。八年前，我对她的感觉是不咸不淡；现在的她，让我感觉到一种着迷。我读心理学这个专业，做心理咨询这样的助人工作，也是因为相信人的内在是可以改变的，在她的身上，我看到了这样的变化。

这周的生涯课，开启了积极心理的模块，相信积极心态就像肌肉一样，借由我们的努力，也是可以锻炼出来的！我们也许要试着挑战自己，上天给我们一个"炸弹"，有没有可能是一个礼物呢？下表摘录了课堂上一些学生的回答。

一个"炸弹"	一个礼物
在深中总感觉成绩跟不上别人，略伤感	在高中三年中一直陪伴的礼物，让我有动力不断努力前进，更让自己明白在今后的生活中遇到类似的事情应该如何处理
化学好难学	因为四处找一个化学学得好又性格开朗的人教我化学，认识了新朋友
又胖又丑，学习还不好	没有太大压力，有潜力
拖延症，做事慢吞吞	因为拖延，总觉得时间不够用，锻炼了自己写作业的速度与准确率
朋友与我决裂	提高了抗挫折的能力，恢复友谊的过程也是一种收获
期中考试失利	在更重要的考试之前了解了自己的情况，可以让自己在这样的事件中学会乐观应对
我是一个内向的人	因为内向，别人要比较了解我才会和我交朋友，所以我不会交到很差的朋友；可以专注于学习，考完试后不会有人来问你考得怎么样

人际互动——真心话 or 大冒险

文：庄思琳

每个人作为一个个体，并不能够真正独自生活在这个社会中，因为人本来就是群居动物，脱离了群体便失去了人本身被赋予的意义。群体一旦形成，人际互动便随之出现。所有的事情都有两面性，人际互动亦是如此。有的人能够在人际互动中感受到自身的价值并充满动力，有的人在人际交往中却屡屡受挫，对生活失去信心。

在课堂上，当问到学生认为一个好的人际关系是什么样的时候，他们的回答是：那是一个广泛的交际圈，重点在于，在这个广泛的交际圈中，都是我最好的朋友，我和每个人的关系都保持得非常好，在这里没有我仇视的人。毫无疑问，这是一种"理想国"形态的人际关系。

但我们不妨想象一下，如果你所处的交际圈如你所愿，都是你所喜欢并且喜欢你的人，那么，你该如何辨别出谁是好人呢？就是说，在没有参照物的情况下，所有人有可能都是好人，但同时，所有人也有可能都是坏人。所以，所谓的好与坏、喜欢与仇视的界限究竟在哪里呢？

不难发现，即使是与我们最亲近的家人，在与他们的互动中，我们的体验也是多样的。没有谁能保证在一段人际互动中可以始终保持着积极心态和快乐体验，总有一些时刻你会感受到人际互动中的无力和失望，也并不像自己所期待的，只要是喜欢的人就一定有好的人际关系。所以，我们没有办法去客观判断一段人际互动的好坏，就像我们没有办法去准确界定是非一样，因为更多情况下我们会陷入"两难"的情境之中。

不是所有的事情都非黑即白，灰色地带的出现会让我们的人际互动有机会出现更多的可能性，也有利于我们更多地去感受人际互动的多样性。我们或许应该感谢这种起伏不定的感受，没有绝对的好与坏的人际互动，只有让你通过感受和比较，进而有所成长与收获的人际互动。所以，在一定程度上，我们不用惧怕人际交往中不好的互动关系，反而在某段感受不好的互动中，我们能更加感受到整个互动过程的包容和理解，这也不失为一个"好"的人际关系。

在课堂的人际互动体验环节，根据音乐的节奏同学们会被随机分配和班上的某位同学做搭档，活动规定两位同学在音乐停止的时候要分别做出一个打招呼的动作进行回应，而不同的动作代表着不同的互动程度。从同学们的反馈与分享中，我总结出三种主要的人际互动模式：（1）高期待。对对方的回应有一种较高的期待，所以自己会做出高于实际水平的回应，同时担心对方的回应会让自己尴尬。（2）低期待。对对方的期待较低，所以在做回应的同时，会担心自己给的回应会比对方给的回应水平低而造成对方的尴尬。（3）平等互动。双方都清楚了解在彼此心目中的地位，所以同时给出了最友好的回应。很明显，在这三种模式中，除了最后一种，都很容易造成对方或自己尴尬。

这就是一个真心话和大冒险博弈的过程，每个人都会根据情况来做出选择，或是通过率先出击避免自己的尴尬，或是通过等待对方回应并迎合来回避双方的尴尬，又或者是无畏尴尬地给出自己的真心话回应。活动中，更多的同学选择了大冒险（做出高于实际互动水平的动作）。在人际互动中，大冒险的选择有利于我们扩大自己的交际圈，至少，在别人眼中你是一个经常给人发"好人卡"的人，人们也更愿意和你有进一步的交流；如果你选择了真心话，那么你有可能收获更多"伯牙与子期"般的知音，当然知音难觅，所以在数量上会不及采取大冒险策略的同学。无论是真心话还是大冒险，都能帮助我们建立人际关系，并感受多样化的人际关系。

人际互动，你更愿意选择真心话还是大冒险呢？

坐船与否？这是个问题——换个角度认识他人

文：庄思琳

在生涯课上，我们给学生提供了一个模拟情境：在突发海难的船上有8人，救生艇只能承载6个人，这就意味着余下的两人将被留在船上自生自灭。你作为船长，将执行这次分配任务。关于这些人，情境中提供的仅有他们的"特点"：都是自私、爱哭等不让人喜欢的性格特点。

讨论结果达成了高度一致，基本上都是"个性散漫，难以配合"的人被留下。学生在分享感受的时候，表示很为难："这都是缺点啊，哪来的什么优点""我能不能一个人走啊""带哪个都不好""实在是想不出来了"。当然也出现了让我们感到惊喜的分享："注重物质的人就会去寻找物质啊，这样我们就都有饭吃了""没有立场没有关系，我们不需要他有立场，他只要听我的指挥就好了""过分理性的人能够在遇到紧急情况的时候不慌乱，迅速作出理性判断"……

这让我想起前段时间很流行的一款游戏——《纪念碑谷》。游戏设置为迷宫地图，利用错觉造成"走投无路"的感觉，可是指尖一滑、画面一转又是另一番情景，同样的情境在日常生活中层出不穷。在人际交往的过程中，以下几方面可能造成我们的"错觉"：

（1）首因效应。这是指交往双方形成的第一次印象对今后交往关系的影响，也是"先入为主"带来的效果。第一次印象最鲜明和牢固，但并非总是正确的，有可能会阻碍以后双方交往的进程。假如你在学校中第一次接触到某个人，因为某个细节对他产生了不好的印象，那在之后的交往中，你就会有一个不好的预判，这阻碍了你去看到他好的一面，而实际上每个人都有好的一面。

（2）社会刻板印象。这是指在人际知觉中，既不以直接经验为根据，又不以事实资料为基础，单凭一己之见或道听途说而对某人或某团体形成的一种固定不变的印象。社会刻板印象多与事实不符，甚至是错误的。在学校中，我们来自不同背景的家庭，人际交往涉及不同社团、不同班级，加上每位同学的生活经验不同，在人际交往中对于某类特定群体会有自己固定的看法，这种固定思维在一定程度上会影响到对他人的客观认识。

我们应该如何打破这种"视觉局限"呢？

（1）换位思考。换位思考不是简单地站在对方的立场看问题，更重要的是接纳。尽管我们清楚他人在当下的选择，但是回过头来，我们又会想"如果是我就不会这么做"，那么这种换位思考的功能便是有限的。接纳对方当下的选择，能帮助我们更好地理解他人，在理解他人的前提下，客观地看待他人。

（2）在情境中了解。在学生的分享中有时会出现这样的表达："如果在……的情况下，他们就可以……"每个人都有自己的特色，要善于发现他人在不同情境中表现出来的优势，在不同情境中看待每个人，而不是简单地从一个角度武断地评判好与坏。

（3）就事论事，不随意进行人品判断。如上所述，每个人在同一个情境中都会有不同的处理方式，处理方式有好有坏，很多时候，方式的妥当与否和人的品格好坏并无直接的关联，就事论事不仅能让问题得到高效解决，也能降低我们误判他人的可能性。

认识人的角度是多样的，这是一个需要不断挖掘和探索的过程。每个人都是不完美的，但正是这种欠缺，让人们能在人际交往中体验到沟通与合作的重要性。在这堂课开始时，不少同学感觉很难，但每次从"缺点"中找到"优点"时，同学们就会特别激动。同样的，当你在人际交往中能够发现每个人的优点时，你也能有更多、更愉快的人际互动体验。

友谊的花期

文：白小琴

历代诗人才子都把遇知己当成人生一大乐事。所谓知己，是金风玉露一相逢，便胜却人间无数。可见，遇知己是我们对人际关系的最高追求。很多同学进入高中后，都希望尽快交到知心朋友。

为什么进入高中后，同学们更渴望交到比较知心的朋友呢？

首先，同学们进入高中后开始了住宿生活，进入了集体生活模式，在校的全天时间都是和同学们一起度过，所以同伴成了日常生活中的主要交往对象；其次，我们每个人的内心都有孤独的那一面，都害怕孤独感。在高中生活中，我们更容易遇到触发孤独的情境，比如落单的时候、独自面对问题的时候或者不被理解和看见的时候；最后,每个同学都在适应集体生活,很多时候大家都还在学习如何更好地与他人相处,因而在同学关系中并不能很好地让对方感受到情感支持,连接感就会较低。这样看来,进入高中后,同学们在远离家人、初中好友后,需要重新适应新的环境,同时又面临着很多学业的挑战,就更希望有好朋友能一起去面对,这样可以让我们更好地面对迷茫和失落,感到被支持和被理解。

维护好人际关系有以下几个原则:

(1)联结。联结是条件反射的一个基本原则——在人际吸引的问题上,联结起着重要的作用。也就是说,我们喜欢那些与好的经历有关的人,而不喜欢与不好的经历有关的人。

(2)社会交换。根据社会交换理论,当我们认为同一个人的交往是利大于弊时,就会更倾向于喜欢那个人。评价往往是通过对几个人的观察得出来的,与某人交往可能好处较少,与另一个人交往可能好处较多。

(3)相似性。相似性原则认为,人们往往喜欢那些与自己相似的人。这里所说的相似性不是指客观上的相似性,而是人们感知到的相似性。实际的相似性与感知到的相似性是有联系的,而且前者往往决定后者,但二者不是完全对应的。感知到的相似性包括信念、价值观、态度和个性品质的相似性,外貌吸引力的相似性,年龄的相似性,社会地位的相似性等。

初中以前,我们总能很快交到朋友,那是因为我们对朋友的期待没有那么高,大部分同学都会选择能一起聊天玩耍、有共同话题的人成为朋友。上了高中后,由于知识的累积、年龄的增长、阅历的增加,我们对朋友的概念有了更深刻的定义,会更多运用联结原则、社会交换性原则和相似性原则去寻找朋友。这样的人际交往就不仅是满足玩伴的需求,同时需要三观相近、志趣相投,还能相互督促,成为彼此前进路上的同行者。这样看来,要遇到这样三观相投、互补互惠的朋友,无疑需要我们有更深入的接触才能彼此了解,最终双向选择。

我们交朋友也像花儿有花期一样,植株要扎根泥土,吸收日月精华,历经晨曦雨露,再孕育出花苞,时机到了,花儿便娇滴滴地绽放了。每一朵花都有属于自己的花期,而我们交到好朋友的花期不一定刚好在高中,但只有我们用心去灌溉友谊之树,在经历过时间的考验后,友谊之树才能扎根生长,才能长青、茂郁。

所以,不要着急,时到花自开!

找到一个朋友需要多久

文：刘本荣

来到一个新的环境里，我们总是渴望尽快地融入团体或者找到一些朋友。毕竟，在没有获得一种归属感时，那种迷茫、惶恐、失落的感觉并不好受。根据马斯洛的需要层次理论，这种爱和归属的需要实际上和人的安全需要、生理需要一样，也是非常基础的人类需要。在这三者得到基本满足的基础上，我们才能去谈获得尊重的需要（包括他人的认可以及成就感等）和自我实现的需要。

我在咨询室里经常听到同学说非常羡慕一类同学，他们仿佛天生自来熟，没有花多长时间就和班上的每一个同学都熟悉了，而且还找到了适合自己的朋友。此时，我会引导同学们明确以下问题：你的人际需求是什么样的？你对朋友的定义是什么样的？什么样的朋友状态是让你感觉到满足或者满意的？

对于有的同学来说，朋友就是可以一起聊天、一起玩的人；对于另外一些同学来说，可能朋友只是愿意互相陪伴的人；还有一些同学认为，朋友一定要能够无话不谈。曾经有一位同学告诉我，她非常希望找到一个知己，就像很多影视作品或者文学作品里所讲的那样的朋友，彼此非常默契，有共同的志向，有共同的爱好，也非常了解彼此的行为习惯，即使对方不说话、不做什么，也知道他在想什么。

心理学家认为，和谐、融洽的人际关系的建立和发展，交往及情感的由浅入深，一般都需要经过定向、情感探索、感情交流和稳定交往四个阶段。因此，人际关系尤其是较为安全和亲密的关系绝非触手可及，必然会经历一个彼此深入接触和探索的过程。要想有好的人际关系，你就必须主动去认识别人，也要抓住机会让别人认识你。友谊的建立，往往需要彼此有更多的主动沟通和相互了解，需要一起做过某些事情、参加过某些活动，在此基础上才能积累一定的信任和理解。

我们同时也要认识到，这个过程并不总是一帆风顺的，而是充满许多未知与冒险，可能你会遭遇拒绝，经历从不信任到信任，等等，而这些都是正常的。在青春期，随着我们思想的成熟、情感觉察能力的提高，我们对他人评价尤其是对同伴评价也会格外在意，这意味着我们在向他人敞开自己内心时也更加谨慎。建立友情的时候，我们会考虑对方对自己的接纳程度："这句话可不可以说？""如果我表现得不那么好，对方会不会接纳我？""如果我对朋友的一些看法提出反对意见，会不会造成关系破裂？"

所以当我们去抱怨自己无法像他人那样很容易找到朋友时，有可能是因为我们对朋友的定义不同，对交友过程的期待太过理想化。另外，由于一段关系的建立受很多复杂因素的影响，不同的对象，不同的环境，不同的阶段，我们很难完全掌握和控制，因此每个人找到朋友的过程也是有很大差异的。当然，尽管在这个过程中确实有很多未知因素，我们也要相信，只要能够利用好主动沟通这一法宝，就可以解决大部分问题。

今天你认真倾听了吗

文：吕晶晶

最近总有学生跟我说："老师，我好烦，但是我不知道跟谁说。很多时候，当我想去跟别人诉说时，我就怕别人不愿意听。"我问："他们为什么不愿意听呢？你倾听过他们的诉说吗？"同学 A 说："我听了，但是到我自己想说时，我总是不敢把我的负面情绪传递给他们，我怕他们不想听，会影响他们的情绪，所以我一直不敢说。"同学 B 说："我每次跟同学说时，我还没说完，他们就急急忙忙给出建议，好像都没有耐心听完我说话似的。其实我需要的并不是他们的建议，我只是希望他们先安静地听我把话说完。"

的确，每个人都需要倾听者。我在百度中搜索"倾听"后，竟然发现了"倾听吧"的百度贴吧，点进去发现，有 2111 个关注和 69556 条帖子，点开其中一条"有人愿意和我互相倾听吗？憋不住了"的帖子，发现竟然还有很多人跟帖。有人说："你要说什么？我也不行了……""我也是，想找个倾诉的"……原来，在网络上的陌生人也在抱团取暖，不知道他们在现实生活中是否有可以倾诉的朋友呢？

在飞速发展的世界里，好像所有人都被想要发言的欲望裹挟着向前。人们是不是在倾听的过程中，特别是听到自己感兴趣的话题时，内心就按捺不住地想要说出自己的想法呢？让别人耐心地听完自己说的话似乎成了一种奢侈，倾听变成了一种可贵的品质。

良好的倾听，是先搁置了自己想说话的需求，让对方充分地表达想法和发泄情绪，自己专心地去听，适时表达并给予对方关心，不加入自己的评判，抱有同理心地去听。

伏尔泰说："耳朵是通向心灵的路。"

倾听表现出一个人对他人的理解与关怀，是最基本的尊重行为。"我不同意你的观点，但是我誓死捍卫你说话的权利。"这个捍卫的过程不正需要良好的倾听吗？然而，这样的倾听在我们身边已经慢慢地消失了。一个对他人付出尊重、理解和关怀的人，比会说话的人更值得信任，也更容易建立起良好的人际关系。

那么，作为倾听者，你觉得自己属于哪种水平呢？先来看看下面几个问题：

（1）对方说话的时候，你是否正在准备自己要说的内容？

（2）在他人结束说话之前，你是否喜欢插话、打断别人的思路？

（3）如果他人说话的时间比较长，你是否会失去耐心？

（4）你是否觉得让他人理解你的观点比理解他人的观点更为重要？

（5）如果他人告诉你自己的烦恼或挣扎，你是否喜欢出主意？

（6）人们是否觉得你善解人意？

坦诚回答完上述问题后，就可以看出你的倾听水平了。如果你的回答多是关注他人，那么你应该已经懂得倾听的价值了。

爱的语言——肯定的言辞

文：张悦昕

还记得你上一次真心夸赞别人是什么时候吗？当时是在什么样的情境下？

还记得你上一次真心夸赞自己是什么时候吗？当时又是在什么样的情境下？

很多人在面对上述看似很简单的问题时会感到大脑突然一片空白，好像有些印象从脑海中闪过，却无法抓住。但是，如果我问的是：还记得你上一次责备他人是什么时候吗？上一次责怪自己又是什么时候呢？很多人脑海中会立刻联想到很多相关的场景，诸如他打翻了我的水杯、考试我又考砸了，等等。

在日常生活中，我们好像越来越缺乏一种词汇——肯定的言辞。夸赞的话变得难以启齿，对于自己和他人越来越容易苛责，一想到这些，生活都变得不美好了。

还记得往年给同学们布置的生涯作业中有一项是：尝试连续一周每天真诚地赞美三个人。选做这项作业的同学都不太多，大家会觉得这项作业很无聊，而且觉得突然去赞美别人会让两人之间的气氛变得很尴尬，但事实上那些选了这项作业，并且认真去实践了的同学最后的感受都不会太差。以下是一位同学的总结:"之前从来没有尝试过这种看似无聊但其实意义重大的赞美,每天赞美三个人,让我每天都充满了正能量和愉悦的心情。通过赞美别人,我渐渐挖掘出了他们身上的亮点,这些亮点都给了我许多启示和对未来的期望。同时,赞美他人会让我们的心中充满爱,沮丧、伤心、愤怒、无奈的心情也就荡然无存了。"

查普曼博士在他的《爱的五种语言》一书中也曾谈到,肯定的言辞是爱人之间最重要的爱语之一,常常向对方表达肯定的言辞,能让彼此的"爱箱"常满。事实上,肯定的言辞不仅仅是爱人之间情感的催化剂,也同样有助于促进我们生活中其他类型的亲密关系,包括跟朋友、跟家人,乃至跟自己的亲密关系。

有意义的"肯定的言辞"究竟应该如何表达,才能说到对方心坎上呢?

首先,肯定的言辞可以从那些你能够直观观察到的内容出发,包括对方的外表、行为、语言等。比如,当你觉得朋友今天看起来很好看时,相比于"哇,你好美!",显然"哇呜,你今天打扮得真好看,这件衣服很衬你!"这样的描述会更加真诚,也更能够让对方感到你对她满满的"爱意",还可以为后续的聊天创造更多的可能性。

其次,肯定的言辞可以从一些交往中的细节出发,这些细节可能是你无法直接用眼睛观察到的,需要你跟对方有更多的交流和互动。同时,这也意味着你需要有更多的好奇心。比如,你的朋友跟你分享自己昨天在社团教社员们跳舞,你听了之后觉得她真厉害,但是一句:"哇,你真厉害!"显然不足以将你的肯定很好地传达给对方。如果这个时候你追问一句:"这个舞蹈你是从哪里学的呀?"对方就会告诉你更多相关的细节和信息,也许她会说:"前阵子听了一首歌,灵感来了就自己编了一套舞。"这个时候,你可以说:"你还会自己编舞啊,这花了不少时间吧,你真的很有才啊!"这样的一句肯定中就融入了一些细节,会让你的肯定变得非常自然。

再次,肯定的言辞可以从对方的需求出发,不过相比于前两种,这显然要求更高一些,当然也就意味着你们之间的关系可以更进一步。比如,当你们的对话越来越深入时,你也许可以觉察到对方的一些心理需要,如希望被认为在舞蹈方面是很有天赋的,或者是希望自己的热爱和付出能被认可,等等。如果你能够觉察到这些需要,可以找一个适当的时机表达出来,这会让你们双方都产生一种"被理解"的感觉。

最后,在表达肯定的言辞时,说话的语音语调也是很重要的。我们可以感受一下"我爱你!"和"我爱你?"这两句话带来的不同的感觉。有的时候,我们说的是同一件事情,而声调说的却是另一件事,传递出去的就是两种信息了。在表达肯定的言辞时,请尝试以一种柔和的、耐心的语调去表达你的想法和感受吧!如果你能微笑着说"你很不错",那就不要面无表情地说"你不错"。

如何提升交友能力

文：朋辈圆桌

学期过半，同学们在泥岗校区这个新环境里已经体验了丰富充实的高中生活，也有一些同学萌生过这样的困惑："在这样一个新的环境里面，我们如何找到自己称心称意的朋友呢？"下面，我们来聊聊如何提升交友能力，请大家收下这份来自朋辈的交友指南。

一、确定自己想要什么样的朋友

世界之大，无奇不有，在深中亦如是。在茫茫人海中寻找朋友并不容易，因此先要明确自己的方向。那么，我们究竟该如何去判定自己想要的朋友是什么样子的呢？下面列举几种类型供你参考。

1. 陪伴型

他（她）或许不是很优秀，但绝对是最贴心的伙伴。每天道早安、晚安，一起点奶茶，绝对是他（她）帮你送到班上。在你伤心难过的时候，总能看到聊天界面上面的一句"抱抱"，在你开心快乐的时候，他（她）也会跟你一起笑。他（她）的所作所为往往是悄无声息的，但是总能带给你一丝感动。

2. 合作型

有的时候两个人本来并无联系，但是工作（实践课题、社团事务等）上的任务使你们走到了一起。你们通过合作互相了解对方，建立起更深的友谊。这样的友谊一般始于工作，但是如果不能转变成陪伴型朋友，在工作结束之后，这段关系就容易被逐渐淡忘。

3. 兴趣型

你有什么特别的爱好吗？比如滑板、弹琴、绘画、歌唱。通过这些兴趣，你会发现和自己有相同兴趣的人与自己有很多共同话题，聊起来也非常愉悦。但是到后面往往还是需要转变成陪伴型朋友,你们才能维持长久的友谊。

二、先自我认可,才能被他人认可

哈罗德曾说:"要结识朋友,自己首先得是个朋友。"

许多人都想有一个真心朋友,但是往往卡在了重要的一步上面:没人来找自己,自己也不去找别人。许多人因此觉得自己不行,不被别人认可,但是仔细想想,其实是自己不认可自己。

想要被别人认可,第一件事就是自我认可。这里不是说盲目地自信,而是足够自知,知道自己的缺点并加以改正,知道自己的优点并且把它展露出来。只有你发出了光芒,别人才能寻着光芒找到你。学霸为什么身边有那么多人?因为学霸的优点在考试中得到了体现。如果你也有自己的光芒,还怕别人找不到你吗?

那么,如何才能找到自己的优点呢?你可以问问自己之前的朋友。他们可以告诉你关于你性格上的优点,譬如乐观、幽默。你可以有意识地去发挥自己的这些优点。如果你觉得自己之前的朋友没有那么靠谱,你大可以从自己的兴趣入手。不过要提醒一句,并不是在自己的兴趣方面做到第一才是自己的优点。

深中高手如林,有"大佬"轻而易举地超过你是很正常的事。但是你有你的特点,比如画画,你可能发现所有美术生的素描都比你的好,但是你并不因此失望,经常会用自己比普通人稍强一点的画技给班里同学画一些可爱的小东西。这一点就是那些技术方面的高手所不能及的地方了。

三、开放、包容——友谊的必需品

有些人好不容易利用兴趣找到了友谊,却因为一些常人看起来滑稽可笑的理由分开了。有的时候仅仅是因为观点的不同,两个人的争论逐渐演变为吵架,直到最后友谊破裂。

因为一件小事,又或许是误会,导致了一段美好友谊的丧失,这是十分令人遗憾的。也有的时候是因为对对方的行为感到不满但从未说出口,到了最后积怨颇多,进而在某个平平常常的日子里无缘无故地闹翻天。那么,我们怎样才能避免出现这种情况呢?

1. 开放:有话就说,消除不必要的误会

有的时候,沉默是金,但是在大多数情况下,沉默无法带给我们正面效果。如有朋友向你抱怨你哪里做得不对,你一直沉默,朋友没有得到你的回应,但你其实是有别的考虑。如果你不做解释或辩驳的话,就不会有人理解你了,即使是知心朋友也没

有读心术,他们不知道你在想什么,所以请你把自己的想法直白地说出来,让朋友进一步了解你吧!

2. 包容:海纳百川,有容乃大

每个人都有和别人不一样的地方。或许是身高:你一米八,他一米六;或许是喜好:你喜欢巧克力,他喜欢草莓;或许是观点:你觉得学校做得对,他觉得学校做错了。对于这样的情况,首先要尊重他人的观点,耐心地听取别人的理由。如果想要反驳,也要表现出自己对对方的尊重。

3. 坚持自己的底线

当然,包容的原则在某些情况下不适用。这里专指原则性问题。譬如你的交友原则是不对朋友撒谎,也不能够容忍知心朋友对你撒谎,所以如果有一天你发现自己一直以来的朋友对你说了谎话,一定要严厉地指出来,表达自己的生气与失望。

能拥有一段美好的友谊,一定会让你收获颇多。希望在未来的日子里,所有人都能找到属于自己的美好。

哪朵玫瑰没有刺

文:昼和　佘之白

《非暴力沟通》的作者、心理学家马歇尔·卢森堡曾经说过:"也许我们并不认为自己的谈话方式是暴力的,但语言确实常常引发自己和他人的痛苦。"

有一种人,不见得自己有多么出色,甚至自己也蹩脚得很,却对他人施予恶毒的语言,不是这个人是"肥猪",就是那个人是"瘦猴",他们嘴里的语言如阴冷可怕的毒蛇,吐着信子,将他人的脖颈牢牢缠绕。如果你跟他较真,他会说你开不起玩笑;如果你沉默不语,他们就扬扬自得,以为触碰到了你的痛处,从而更加变本加厉、没完没了。

那么,就让我们来了解一下语言暴力的威力。

问题一: 你是否经历过语言暴力?谈谈你对语言暴力的看法。

A:初中的时候经历过但不是很严重。类似辱骂嘲笑的语言暴力比行动暴力更严重，被实施者的心理受到的伤害比身体损害更难以通过治疗得到改善，所以我觉得要尽量避免这种情况，远离谩骂和诋毁，并且制止实施者。

B：是，我认为语言暴力是非常可恶的一种行为。它极大地伤害一个人的内心，带来受害者情绪上的波动，甚至会变成一个长在记忆里的肿瘤。不是所有的暴力都是物理意义上的，心灵的创伤更加可怕。

C：有呀，我觉得家长之间过度地踩一捧一也可以算是语言暴力了。我以前就因为我妈经常贬低我差点自闭，所以我从来不把我弟弟和其他小孩做比较。我觉得吧，语言暴力其实是很普遍的现象，而且每个人对"语言暴力"的定义都不大相同，但无论哪种，它们的杀伤力都很大，并且能够潜移默化地改变一个人的行为。

D：遇到过。我觉得挺伤人的，尽管施暴者有时是无心之举，但是如果每个人说话时都能顾及别人感受的话，人们的生活幸福指数一定会上升。

说一说

语言暴力，是指采用谩骂、诋毁、蔑视、嘲笑等侮辱和歧视性的语言，致使他人精神上和心理上遭到侵犯和损害，属于精神伤害的范畴。

很多人觉得自己似乎不会轻易地被语言暴力或者语言暴力别人。然而，语言暴力是有很多形式的，它离我们并不遥远。从某种程度上来说，你可能会在无意中被语言暴力或者做那个施暴者。

一般的语言暴力表现为贬低和羞辱。

贬低会令被贬低的一方直白地感受到对方对自己的不认可和轻视。羞辱除了一些明显带有羞辱性质的指责之外，还会以假亲昵的形式出现。例如，在明知对方介意体重的情况下，称呼对方为"小胖子"。

问题二：身处语言暴力中时，你会怎样排解，以降低语言暴力对自己的影响？

A：最重要的还是心态吧，如果心态好的话，可以去反驳对方或者无视对方。

B：我有一个很可爱的日记本，我会把快乐碎片记上去，不开心的时候会翻看以前开心的事情，有时也在上面骂人（发泄）。如果日记本比较好看的话，心情也会变好。

C：我的排解方式是写写信、写写日记发泄情绪，也会通过和朋友聊天来排解。

说一说

应对语言暴力，我们可以从以下几个方面入手：

第一，表达出自己不开心的情绪，让对方知道其行为是不对的，有的人可能是在无意中成为那个施暴者的。

第二，努力让自己不去理会那些言论，尝试隔离那些言论。你要知道，做错的并不是你，而是他们，你不需要理会错误者的言语。

第三，长时间的自我消化、吸收不良情绪对自己而言终归是不好的，你可以去找一个倾诉对象，如朋友、家人、老师等这些你觉得亲密的人，或者像上面所说，找个日记本，通过记录宣泄一下你的情绪。

第四，你可以向周围有一定能力的人寻求帮助，如果施暴者散播谣言，你可以搜集一些证据，造成严重影响的可以选择报警处理，主要是让对方知道你不是那种可以被随便拿捏的软柿子。

第五，你要学会注意自己的言语，不要让自己成为施暴者。或许你是无心说出那样伤人的话的，但是话说出去了，就像用一把刀子扎向别人，受伤的是对方，而不是你自己；或许你是因为太在乎对方了，但是既然他是你在乎的人，你为何要伤害他呢？这不是发脾气的理由。所以，在话说出口之前，请一定给自己3秒钟的时间思考这个话说出去是否会特别伤人。如果你实在不知道怎样可以改变自己的伤人言语，也可以找一些有关书籍来看，例如《非暴力沟通》等。

问题三：怎样防止自己也成为语言暴力的施暴者？

A：谨记别人怎么样跟我无关，别人是胖是瘦、是美是丑都轮不到我来评价。

B：不要总是盯着别人的缺点，尤其是自己没有别人却有的缺点，不然会不自觉地产生优越感而挖苦别人。多发现他人的优点并加以学习，这样自己才会变得越来越好。

C：多学习说话的艺术。因为有时候我们只是想指出对方的缺点，希望对方能改正，出发点是好的，但是说话时不自觉会变成讽刺，无意中对他人实施了语言暴力。如果我们多掌握一些说话的艺术，能更委婉地说话，就不会发生这种情况了。

说一说

对于语言暴力施暴者，这里想借用英国精神分析学家比昂提出的容器容纳理论作一个比喻性解释。比昂提出，关系的本质，是谁向谁投射焦虑，谁为谁承受焦虑。当一个人有不能承受的体验时，他需要把它投掷出去，让一个具有容器功能的人接住这些体验，并将其转化为可以承受的体验，返还给本人。当这些体验足以伤及他人时，投掷者就成了语言暴力的施暴者。

语言暴力的施暴者分为两种：一种是有意的，另一种是无意的。如果你有意通过对别人施加语言暴力从而获得某种优越感，那么其实你只是活在自己构建的虚无缥缈的世界中。在这个世界里，你似乎比别人更优秀、更漂亮、成绩更好，然而现实中，你却还是一个只能通过贬低别人抬高自己的可怜虫，似乎相对位置发生了变化，然而绝对位置却一点也没有变。所以，不要用那种将痛苦施加于别人的方式让自己显得很优越，而要放眼现实，多思考怎样做出真正对提升自我有价值的事情，比如阅读经典书籍等。只有这样，你才能成为一个卓越的人。

如果你只是想帮助他人改正缺点，但说出的话却无意间变成了滚烫的火焰，那么你应该多多注意自己的措辞，尽量将要说的话在心里细思几遍再说出口。换位思考也许是个不错的选择。设想如果有人对自己说了这番话，自己会不会感觉不舒服、不愉快，甚至是抵触？如果没有，再将话说出口。否则，这些本是出于善意提醒的话不但不会让对方变得更好，反而会中伤他人，在他人心里留下伤疤。

调查显示，平均每20个人中就有1个人遭受过语言暴力，每50个人中就有1个人因为语言暴力导致心理疾病，轻者患有社交障碍，重者产生杀人和自杀行为。

如果可以
Dora

我也真的想告诉那些

正在遭受语言暴力的孩子

一定一定要坚持

虽然这个过程像光脚在刀尖上走一样难

但也一定要坚持相信父母、朋友

哪怕只有自己

也一定一定要坚持

一定一定要努力

走出那个圈子

跳出去

也跳出自己的悲伤世界

一定有人会很爱很爱你

也一定有人会手捧满天星向你走来

当你走出去

你会发现你在变好

你会重新变得开朗

你一定会找到自己的幸福

所以，正在遭受语言暴力的孩子

一定一定要坚持下去

你的幸福总会在未来等你

不要绝望

不要崩溃

也绝对不要让自己的灯塔被他们毁掉

做自己的教育教给你的正确的事

我知道

我说加油

我说坚持

我会在一个你不知道的远方悄悄地拥抱你

虽然你不知道，但也一定要相信总有人爱你

我们不应活在孤独梦中

文：深中朋辈佛鱼 昼和

在人类社会生活中，难免涉及人与人之间的交往。正如英国诗人约翰·多恩所说："没有人是一座孤岛，在大海里独踞。"

在现代生活中，人们为了生存，就必然要与别人建立联系、与人交流，从而形成各种群体、建立各种人际关系。随着心理和生理日渐成熟，青少年的交友需求日益迫切。青少年一旦在人际交往中长期处于困难状态，就很容易产生心理健康问题。

青少年人际关系困扰产生的原因多来自社会、家庭、学校和自身。社会媒体的一些宣传，例如过度亲密的朋友关系、两肋插刀式的朋友义气；家庭中因为父母工作的繁忙，多数家长只是关注孩子的学习和成绩，对孩子的情感和心理都有所忽视；学校里因为成绩、地域等多方面因素，会形成很多不同的"帮派"，不同程度上会对一些青少年造成影响；自身的自卑心理、对自己过分低估等，也会阻碍青少年的人际交往。

人际交往障碍通常表现为以下几个方面：

（1）自卑心理。有自卑心理的人会陷入不断地自我否定中，在人际交往中总认为自己不如别人，缺乏自信，丧失了交友的勇气和自信。

（2）自傲心理。与自卑心理正相反，有自傲心理的人常常表现出在交往中不切实

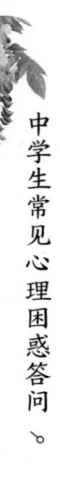

际地对自己作高度评价，在他人面前盛气凌人、自以为是，使别人陷入尴尬、窘迫的境地。

（3）自私心理。有自私心理的人在交往过程中常常以自己为中心，以满足自己的欲望为目的，不顾别人的需求。

（4）恐惧心理。有恐惧心理的人在交往中尤其是在公众场合会不由自主地感到紧张、担心和害怕，以至于手足无措。

（5）封闭心理。出现这种心理状态的原因通常有两种：一是害怕别人对自己不利，不敢与别人交往；二是忙于自己的事，无暇顾及人际交往。

为了解同学们在社交时的情况，我们对一些同学进行了采访，让我们来听听他们的有趣回答吧！

问题一：当你进入一个新班级，你会因为要认识新同学而尴尬吗？通常情况下，你会以什么方式去结交新朋友？

回答：多少会感到尴尬。新的班级意味着新的环境，面对陌生的环境、陌生的人多少有些不适应，尴尬是很正常的。我会先通过和周围的人随便聊聊来寻找更多共同话题，然后交换联系方式，这是我交朋友的主要方式。

分析及建议：如果要结交新朋友的话，自己要做一个简单但是能吸引别人注意力的自我介绍，让更多的人记住你，接着就可以跟他们说一说话、找找共同话题了，游戏、运动、书本这样的话题更好展开。

问题二：如果你在网上交了一个很聊得来的朋友，而有一天你们要线下见面，你觉得会不会出现在现实中不像在网上聊得那么开心的情况？

回答：不会，对于能熟到线下见面的朋友，我自认为在哪里都能聊得很开心。

分析及建议：如果跟网友见面的话，最好找一个熟悉的地方玩，可以一起去吃顿饭，在吃饭的时候聊些在网上聊的各种话题，也可以根据一起经历的事情聊天，放轻松就好。

问题三：如果你和朋友出现隔阂，你会以什么样的方式与他和好？你会感觉有交流障碍吗？

回答：如果有原则问题就抓重点道歉，如果双方都觉得没事了就多聊聊天来和好。是否会有交流障碍要分人吧，看对方是否在意之前的事情。

分析及建议：如果和好朋友出现隔阂的话，要找机会和他冷静地交流，认真思考出现隔阂的原因，想想你们是因为什么成为朋友，不要轻易放弃来之不易的友情。

如果和朋友交流都会有障碍的话，那就得从改变自己开始了，同样好好思考是什么让你们之间的交流产生了障碍，多约在一起玩，一起散散步，在交流的时候不要考虑太多，让朋友了解真实的你，这样就可以消除障碍。

问题四： 与朋友久别重逢，你会觉得局促不安吗？你会以什么话题为开头跟他聊天？

回答： 刚开始见面会有一点不安。聊聊最近发生了什么有趣的事情、找以前的共同话题。

分析及建议： 面对老朋友，相信你们最有可能聊的话题就是以前的趣事、现在的发展，所以并不需要太过担心。或许让你担心的是他的变化，而你也会有一定的变化，所以两人要接受对方这几年的变化，像以前一样平常地聊聊天。

问题五： 家长和你代沟严重吗？要不要和他们好好交流呢？

回答： 确实有比较严重的代沟，我很担心与他们交流的时候没办法让他们理解我的意思，所以还是比较害怕交流。

分析及建议： 关于代沟，其实有这种担心并不奇怪，有这种问题很正常。因为大部分同学和父母的年龄相差都有二三十岁，有的甚至更多。由于我们和父母经历的时代不同，认知上的差异会造成我们和父母产生代沟。

从某种意义上来说，代沟是客观存在的，是社会进步的必然产物，也是晚辈超越长辈的标志之一，代表着时代进步的趋势。因此，青少年与父母辈的代沟现象并不可怕，只要正视它，就能加以弥合。

首先，要相互尊重。其次，要有求同存异的心理准备。最后，千万不要急于求成，强迫对方接受自己的观点，否则会造成更大的沟通障碍。

对于同龄人之间的交往，做到以下几点也许会避免交流障碍的发生：

（1）树立平等交往的观念。在交往中，不管家庭条件、地位、学习成绩如何，我们都是平等的主体，并无尊卑优劣之分，这是正常交往产生和发展的出发点和基本要求。

（2）建立真诚交往的观念。古人云："以诚感人者，人亦诚而应。"真诚建立在人与人之间信任和理解的基础上，表现为诚实守信。要改善人际关系，就不能虚情假意、口是心非。

（3）树立主动交往的观念。中学生人际交往障碍产生的原因是多方面的，如受错误思想、观点的影响，对人际交往缺乏正确的认识，缺乏人际交往经验等。如果我们主动了解同龄人的性格、爱好，多与同学交谈，就会更加容易找到与自己谈得来的知己。交流是我们生活中必不可少的活动，对每个人的意义不同，而且每个人都有自己的特点，交流得好可以解决生活中非常多的问题，勇敢地去和身边熟悉的人、不熟悉的人交流吧，你会有所收获的！

第三章 如何看待青春期的爱情

我到底要不要"脱单"

文：刘方松

在生涯规划课上，我随机做了一个调查："身边有'脱单'的同学请举手。"班上几乎所有人都将手举起来。"脱单"现象在深中可以说并不少见，但是面对是否"脱单"的选择问题，相信有烦恼的同学也不在少数。当我遇见那个心动的TA，是不是要向对方表白，然后"脱单"呢？

一、你喜欢真实的TA？还是喜欢想象中完美的TA？

我曾经在深中课堂做过一个很有意思的调查，题目是：你最喜欢异性的特点是什么？发现班级间具有高度一致性："责任心"在女生群体中的得票率最高；"颜值高"在男生群体中的得票率最高。虽然这是一个群体倾向，无法真实反映个体之间的差异，但反映出深中的男女生们更容易对哪类异性产生兴趣。但试想一下：某个男生假如仅为了颜值就追求某个女生，然后在一起，在相处的过程中发现对方的性格多疑，经常攻击与自己关系好的朋友，这样的感情如何长久？结果可能是一方主动提出分手，双方陷入情感的纠葛。对于女生而言，要判断男生是否有责任心，则需要一段时间的相处。经常听到同学们说："我很喜欢TA，觉得TA什么都好！"当我们爱上一个人时，经常会出现心理学上的"晕轮效应"。简单点说：我喜欢TA的帅气或美丽，会主动建构出TA的勇敢或善良，TA是完美的。在日常相处中，你主动建构的美丽泡沫可能会慢慢破碎。如果无法承受或包容这不完美的真实，那你可能会陷入情感纠结。

二、在表白之前，做好被接受或被拒绝的心理准备吧

相信不少同学听说过很多"十动然拒"的故事，所以表白是很需要勇气的。"你很优秀，也很漂亮，你可以找到比我更好的，咱们还是做朋友吧！"如果你表白后收到这条回应，相信那一刻心里多半是尴尬和难过吧。做好可能被拒绝的准备的同学往往会想："如果我不表白，以后会后悔的。而且某某学长曾经说过，不试一试，你怎么知道结果呢。如果被拒绝，就死了这条心，好好学习吧！"有这种心理准备的同学往往在较短的时间内可以心理复原。对于没做好心理准备的同学，被拒绝后面对对方时的尴尬和难过的情绪往往会持续一段时间，进而影响接下来的学习和生活；有的同学甚至会因此对自己的外貌和性格进行贬损，变得郁郁寡欢。

当然，如果一切顺利，你和 TA 情投意合，都顺利"脱单"，那你是否想过，你的生活方式也要发生变化了，你准备好了吗？你与闺蜜或"好基友"相处的时间将有一大部分会转移到 TA 这里了；TA 的一举一动似乎都在引起你的注意和担心，你可能会发现自己的情绪不像以前那么稳定了；你担心父母无法接受你在高中谈恋爱，你和父母的谈话不像以前那么自在开放了；你努力学习，希望"恋爱可能会影响学习"的魔咒不要发生在自己身上，但魔咒也许真的发生了，你能接受住吗……

三、分手可能会影响你的情绪，从而影响你的生活和学习

都说失恋是一味苦药，没有人能很快从爱情的失意中迅速复原，复原需要一些时间。分手后，可能会有一段时间你还幻想着复合，对过去的种种美好念念不忘；上课或写作业时会分心走神，心中出现的情感伤痕隐隐作痛；偶然在校园瞥见对方的身影，你虽然故作镇静，内心却翻江倒海，陷入莫名的失落中……这些都是失恋后遗症，你有疗伤痊愈的能力吗？

"我要'脱单'吗？我要……我不要……"希望每个面临这种选择的同学都能纠结一会儿，为自己和对方做出负责任的选择！

爱情里的第一课

文：郭明珠

每年的这个时候，都会迎来大家最期待的生涯课——"青春期爱与性"模块。今

年上这个模块的第一课时，恰逢5月20日，同学们在课堂上欢呼、尖叫不断，透露出对爱情的期待和向往。课堂上，我们做的第一个探讨就是爱情的模样，大家结合在影视作品中看到的爱情片段，讲述自己对爱情的理解。

"我想分享的是一个游戏里面的片段，故事太长了，大意就是一个女主角，她需要拯救男主角，就得不停地重启时光倒流，但是在这个过程中，她发现如果总是重启时光倒流，会引发龙卷风，住在镇上的居民就会因此遭受灾难，要做出是否重启的选择对她来说特别艰难。我想跟大家分享的是，我认为在爱情中，坚定是非常重要的，也许在平常生活中，我们不一定会面临这么重要的选择，但一样会面临很多的选择，我觉得一定要坚定。"

"想跟大家分享一个日本电影，并不是大家想的那种电影，但是这个电影里确实有不少两人亲密的片段，我想说的是，在爱情里面，这样的怦然心动、激情是很重要的，如果没有这种感觉，那爱情跟友情、亲情就没有什么区别了。就是一定要有感觉，不是说轰轰烈烈，但也不是平淡如水。"

"我认为爱情中很重要的是这段关系能给双方带来成长，我们通过彼此看到了更大的世界，拓展了自己。比如电影《泰坦尼克号》中的男女主角在这个过程中就跨越了自己的阶层，拓展了自己的视野。电影《阿拉丁》也是这样，彼此成就。"

同学们的回答让我感受到爱情的魅力，在这种感性的背景下，又透露出大家的理性思考。你认为在爱情中，什么元素是最重要的呢？

我非常认同课堂上最后一位同学的发言，一段好的亲密关系是让人受益的，而且自己是能够成长的。回过头看近期发生的一些事件，比如某高校女生PUA事件等，都提醒我们，一段好的关系不应该是不平等的、剥削的、牺牲自己的，如果我们发现自己感受很差，那该停下来想想，是否有什么不对劲儿。再过几天，就是5月25日，王尔德说"爱自己，是终生浪漫的开始"。我希望大家能够在爱情中学习的第一课，就是尊重自己的需要，照顾好自己的感受，相信自己可以去爱，也值得被爱。在爱别人之前，必须先爱自己，让爱的源头富足丰盈起来！只有源头永不枯竭，爱才会自然流动！

友谊还是爱情，你自己说了算

文：王新红

在心理咨询中和课堂上，都会有学生问这个问题：男女之间是否有纯洁的友谊？

和我年轻时一样，他们很急切地想找到一个确定的答案。

寻找答案从"什么是纯洁的友谊"开始。

每个人都做了十道填空题：朋友是一个_____的人。具体的表述是多样化的，比如"与之有默契""玩得来""能够谈心""互相帮助""一起努力"……表述背后的价值观则是趋同的，朋友是"亲密的""值得信赖的""可以依靠的""互相接纳的""关爱的""可以分享的"。

有学生在完成这个环节之后，还是有疑问：老师，爱情里不也有这些吗？

是的。这些"纯洁的友谊"中包含的要素，在爱情里也有，不仅有，而且必须有。所以，我们常常会分不清二者。

在找到确定的区别之前，我请学生思考："你从什么时候开始觉得这是个问题？"有女生说是初一，有男生说是初三，也有人说是高一。年龄不完全相同，但是基本集中在12～14岁。

根据比尔迈斯特与弗曼的社会情绪发展模型，不同阶段，人的需求不同。青春期前期（9～12岁）的需求是亲密，对应的关键关系是同性朋友，青春期早期（12～16岁）出现的需求开始和"性"有关，关键关系是异性伙伴，这个阶段的青少年在人际领域需要发展"平衡亲密、性和焦虑"的能力。

青春期早期，青少年性生理逐渐成熟，性心理开始发展，欲望的范围扩展，对亲密的需求不再那么单纯，"性"不可避免地成为理解青少年这段时间欲望和需求的一个大背景。但现实是，青少年所处的环境并没有给予他们学习、讨论和理解自己这一部分需求的机会，与"性"有关的需求和问题都必须是隐匿的。提出"男女之间是否有纯洁的友谊"这个问题，其实是人在青春期早期内在心理冲突的外显，是"平衡亲密、性和焦虑"能力不足的表现。

当我们了解这一点后再思考这个问题，答案似乎就简单一些：第一，这个问题没有标准答案，答案是因人而异的。第二，影响答案的重要因素是一个人在青春期早期对性的感受和理解，如果一个人在与异性交往的过程中，用升华的方式处理了这个阶段与性有关的需求，TA的答案更可能是"有"；如果是用实际体验的方式处理了这种需求，答案更可能是"没有"。在这个感受和体验过程中，成人做了什么当然很重要，但是更重要的是学生自己做了什么。一句话，友谊还是爱情，其实你说了算。

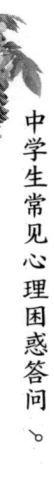

真正的爱不是忘乎所以，而是深思熟虑

文：郭明珠

在第一次课中我们提到了爱情三元理论，提到成熟的爱是由激情、亲密、承诺组成的。我们没有提到的是在高中阶段，在身体荷尔蒙分泌的影响下，激情可能是这个年龄段爱情中占据比例最大的。就像有同学描述的那样，见到TA的时候小鹿乱撞，见不到TA的时候忐忑不安。当激情来的时候，我们常常忘乎所以，什么标准和原则都抛到一边，认为轰轰烈烈的才是爱情，跟TA在一起，TA就是我的整个世界。

在这些年的工作过程中，我也看到一些发生在深中的充满激情的情况：

"A是高三的同学，一上高三的时候觉得西校的生活除了学习还是学习，压力挺大的，内心比较孤单，就经常与B分享，一来二去，两人觉得互有好感，就开始了一段恋情。因为学业压力比较大，能够交流的时间少，两人之间矛盾很多，经常吵架，现在A觉得很后悔，爱情放不下，学业也放不下，觉得也许早一点或者晚一点开始，和B之间的关系会处得更好。"

"社会实践结束从井冈山回来的火车上，C当着全车同学的面，对D进行了表白。但是D觉得自己并没有准备好要开始一段恋情，但当着这么多人的面，觉得不能让C下不了台，只好同意了。"

"在生涯课堂上，E和F两人一进教室就找一张靠边的桌子，两人坐下后就牵起手，共用一个耳机，腻腻歪歪起来，小组其他成员纷纷换到别的桌子。"

"青春期爱与性"模块的第二次课主题是辩论"你是否支持校园恋情"，每个班的情况基本是支持的同学超过三分之二。课堂给了我们一个旁观者的角度，去看到不同选择背后的理性思考，也提供了一个机会让我们在激情上脑的时候，还有另一个理性的声音提醒我们，自己的选择是不是可行。辩论的结果往往会归纳到高中生是否能谈恋爱，主要看个人，如个人的自制力、成熟度、责任感。我觉得大家在爱情的认识上，真的比很多成年人认为的要成熟。有一次在知乎上看到一个提问："高中在一起的情侣到现在还在一起是种怎样的体验？"我惊喜地看到下面的回答里有我们深中的同学。是的，成熟的爱是让我们变得更加开放，愿意去听到不同的声音。

最后，用《少有人走的路》（作者：派克）的一句话结尾吧——

真正的爱不是忘乎所以，而是深思熟虑。

当青春期的爱情遇上性

文：刘本荣

"我是一个成熟、理性、独立的个体，我有能力选择自己是否要谈恋爱并承担它的所有后果。"这句话截取于一个高中生的公开信件。我想无论是父母还是老师，听到一个高中生这样表达自己的时候，应该会感到非常欣慰，因为TA表达的正是成年人所期待的。而作为同龄人听到这样的表达，你会有什么样的想法？是认同？怀疑？或者无法想象？

当我们向往爱情的时候，我们绝不会想到身陷爱情也有诸多苦恼，即使想到也会觉得那些对自己来说不是问题。"青春期爱与性"模块的第三节课用案例的形式介绍一对校园情侣在情感发展中所遇到的苦恼，这些苦恼是爱情中不可避免也会让很多人困惑的问题：当青春期的爱情遇到性，怎么办？

案例中的男孩提出发生性关系的要求，女孩该怎么办？如果你是她的朋友，女孩向你求助，你会对她说什么？此时，我发现大家无论说什么，态度还是很鲜明和笃定的。这说明大家对于这个问题应该有过思考。

紧接着，虽然有纠结和矛盾，案例中的他们在冲动之下还是越过了性的底线。在性行为发生之后两个人的关系发生了微妙的变化，这让两个人的感情变得越来越糟糕。如果你是他（她）的朋友，怎么理解他（她）的变化？

有同学发言，但说了几句发现很难讲下去。有同学很坦白地讲："老师，我以为性关系发生后两个人一定会越来越亲密，怎么反而疏远了呢？真的很难理解他们的变化。"我问道："在恋爱中，性关系一定指向亲密吗？为什么发生性关系之后，看似很小的事情却会成为两个人感情中很大的矛盾呢？"有一个男同学若有所思地回答："性只是爱情中的一部分，爱情中还有亲密和责任等，如果两个人在其他方面还没有发展到一定程度，就贸然发生性关系，只会凸显爱情中其他部分的矛盾。所以，看似这两个人之间是因为发生性关系后，感情矛盾越来越多，实际上这个矛盾有可能一直存在，只是在发生性行为后激化了。"

最后，"最让人担心的事情发生了，她怀孕了。如果你是她该怎么办？"这张幻灯片一出来，全班哗然。

"这个男孩就是个人渣。""笨死了。""反正不能让父母知道。""国外有未婚妈妈还可以上学，可惜国内没有。""我看到《万物生长》中那个女孩拼命做各种蹦跳运动，以为用那种方法可以让这个胎掉下来。""要是两人笃定在一起，就生下来呗。""生下来谁养，你还要不要上学？"

听着各种各样的声音，似乎很难找到一个妥善的解决办法。我问："你们觉得在这个阶段，这对校园情侣有能力去承担这个后果吗？"有的同学皱着眉头若有所思，有的同学果断地摇头。实际上，承认自己的不可以，不仅需要勇气，更需要成熟和理性。

"能重复能轻"的青春期恋情

文：王新红

每年都会收到学生们用自己的语言对爱情的描述。十年间深中变化很大，楼拆掉了，楼又建起来了，校长走了，校长又来了……只有这些与爱情有关的描述，还是那么美好，一点没有变。来看几条吧——

"爱情给了我探索另一个世界的机会，是另一种不会孤单的生活。它是热烈、是美、是思念、是学会关怀。"

"爱情是愿意为对方无条件付出而不求回报；是希望对方永远开心幸福；是希望守在对方身边，多一会儿，更多一会儿；是希望与TA接触，多一些，更多一些。"

"爱情让我可以为一个人改变自己，为了更好的未来去奋斗，每每想到那个人，心中都充满快乐幸福。"

"深刻来说，是灵魂的交融；表象上，是相互的默契，相依相惜，是体温的传递，是彼此之间由适应对方的存在到适应对方的（暂时）离开。"

我们的课堂只给了学生几分钟时间，他们就完成了自己的爱情素描。虽然很短，但这几句话的分量并不轻，因为这差不多就是每个人在爱情这种亲密关系里的行动指南。除非一个人拒绝承认自己有爱人及被爱的需要，否则，现在及未来的生活都会受到这短短几句话的影响。

对有的同学来说，爱情还只是一个生活话题，是在和闺蜜的窃窃私语中吐露的一点愿望，或者是深夜宿舍卧谈会中对高颜值女生的倾慕；而对另外一些同学而言，爱情已经成为生活本身，他们享受着这种亲密情感带来的甜蜜、满足等积极体验，同时也在学习如何处理在这种亲密关系中可能面临的各种冲突，比如，恋爱与学业如何平衡。

有深中学生的研究报告得出结论，目前学生对待恋爱的态度更轻松（在接受调查的学生中，均超过五成男女生认为恋爱的最大目的是娱乐与消遣），也有学生（显然是男生）在研究中表示，"喜欢就是喜欢，和学习无关。学习就是学习，和爱情无关。如果为了感情而影响学业，才是没有出息的人。试想，为了感情，连学业都被耽误，那么以后真的谈恋爱是不是就不过日子了？所以，好好学自己的，对自己喜欢的人好点，还有什么好遗憾的？不要去想结局，还没有到谈婚论嫁的年纪。和她在一起感到快乐，这就是最好的回忆。"

不过这些研究报告的结论，和我在咨询中看到的爱情对学生的影响，有相当大的不同。事实上，很多抱着轻松态度进行恋爱的学生，后来的经历一点也不轻松，而很多相信自己一定可以平衡学习和爱情的学生，情绪和现实生活都受到很大影响，很难做到平衡。

为什么会出现这种愿望和事实不符的状况呢？一种可能的解释是，在青春期，一个人的自我在生活中的卷入程度处在最高峰，因为这一阶段是人探索自我，对自我最好奇也最困惑的阶段；与此同时，青少年的心理防御机制在这个阶段还没有完全成熟，他还不能像一个成熟健康的成年人那样，保护自己的心理世界不被过于扰动。青少年在探索过程中面对大量信息、变化、不确定和冲突的发生，会不可避免地产生很多强烈的情绪，却还没有足够的能力去处理好它们。

有诗云："可闻不可见，能重复能轻。镜前飘落粉，琴上响余声。"它写的是春风，不过我每每读到，总是想起听过的一段段青春期的爱情故事。

从他们的爱情中你看见了什么

文字整理：郭明珠（资料来自学生生涯课作业）

访谈你身边同学恋爱或分手的故事，你问问他们为什么谈恋爱，对方吸引自己的是什么，恋爱过程中遇到什么困难，如果分手了是什么原因，这段感情给自己带来了什么。

一、为什么谈恋爱？

"寻找一种归属感、存在感和安全感。""TA 看着顺眼，很体贴，能让自己感到高兴。""激素导致的，不由自主的一种行为。""因为好玩，很新鲜。""我就是想谈，TA 人很好，就谈了。""就是两情相悦，就自然而然在一起了，觉得谈恋爱是自己的一种选择，别人干预不了。"

二、对方吸引自己的是什么？

"有共同话题。""他长得高、长得帅，阳光开朗，对女生很好。""她其实没有什么特别的地方，但她对我很好，和她在一起我很开心。""幽默，有恒心，体贴。""心思很细腻，能注意到我的小情绪，学习好，体育也好，文武双全啊。"

三、恋爱过程中遇到什么困难？

"半网恋状态，有时差，联系不够，自己的控制欲和敏感心理。""一方面是老师，另一方面是家长，要边学习边谈恋爱真是累成狗啊。""有时候因为一些小事情闹矛盾，会吵架。""恋爱中没有遇见什么困难，很顺利。""成绩波动很大，担心被家长发现，然后有了小矛盾，冷战了三天。"

四、如果分手了是什么原因？

"不在一个学校，平时见不到，感情变淡。""因为高中不在一个学校，不能一起玩了，就分手了。""没感觉了。""异校，首先不是一个圈子，共同话题越来越少，后来太忙经常不回微信，对他越来越敷衍，不想这样，就分手了。"

五、这段感情给自己带来了什么？

"如果说我在这段感情中学到了什么，大概就是变得更加谨慎了吧，一见钟情完全不可靠啊……两个不了解的人如何能相处呢？他教会了我怎么去爱人，也教会了我要好好保护自己。两个人互相喜欢是简单的事情，但确定一段稳定的关系却非常复杂呀！"

"教会我怎么去关心别人，变得更体贴，也学会更懂得珍惜现在，分手了也不会去怨恨对方。"

"更会照顾人了，更有责任心，对让自己变得更优秀有了动力。""这段感情让我变得理智和成熟，你的以为只是你的以为，有些誓言只能被时间的洪流淹没而非如你想象的那般永恒。"

六、这段采访的感悟

两个人在一起，感觉很温暖，能让生活更加充实，但是两个人在一起，也会尴尬、会吵架、会冷战，会担心同学、家长方面的问题，也可能会腻烦或疏远，所以谈恋爱应该也很累吧。

采访完这些正在"脱单"和曾经"脱过单"的同学以后，我真的感受良多，大家谈恋爱的理由好像有点随便。高中时期的恋情是青涩美好的却也是不成熟的，不是要排斥这种恋情，但是双方也要互相尊重，保证彼此心理和身体上不受伤害。

每个人对待感情的态度不同，有的人很认真，有的人比较随便，我觉得一段随意的感情对于双方都是一种伤害。

第四章 如何拥有好心态

真正的接纳始于对体验的觉察

文：刘本荣

课堂上讨论两个案例，第一个是"变形记"：同学甲，在初中曾经是"荣耀的王子"，到了高中不再成为老师和同学关注的对象，感觉自己变成了"讨人厌的青蛙"；第二个是"不高兴的学霸"：同学乙，在初中是学霸，很满足、很骄傲，到了高中也被称为学霸，却再也无法对自己满意了，感觉自己纯粹是个书呆子。我问同学们：有与案例中主人公类似的感受吗？"王子"真的变成"青蛙"了吗？学霸为什么不满意？假如他就是你的一个朋友，你打算怎么帮助他？

每组都有代表分享自己组的看法：

"他没变。是参照系变了，以前他的参照系都是'青蛙'，所以他认为自己是'王子'，现在他的参照群体全是'王子'，所以他感觉自己成了'青蛙'。"

"他一直在和别人比。初中和别人比，高中也和别人比，他要是跟自己比就不会有这样的落差了。"

"我建议他找到自己的终极目标，和自己比，不要和别人比，就不会这么难受了。"

"学霸不高兴的根本原因是价值观不清晰，既看重学习，又看重社团，不知道自己到底要什么。"

"学霸大概担心自己高分低能，现在社会不仅要成绩好，还要有一些才能。他初中是学霸，高中也是学霸，说明他在学习上已经游刃有余了，完全有能力腾出时间和精力参加一些社团。"

…………

很多同学的发言都引起了全班热烈的掌声。显然，大家都在为彼此深刻的分析兴奋不已。一时间我突然有一种感觉，这节课貌似可以不用上了，同学们能讲出这些道理，说明他们已经能够很好地应对来到深中之后的变化了。想想也是，深中的学生家长素质普遍比较高，平常应该会给学生们讲不少类似的道理，再加上在深中，学长学姐们和学弟学妹们有很多渠道可以沟通交流，类似的观点应该也交流不少。

但同时我也发现，大部分同学对案例中主人公的情绪感受都表示不解，部分同学的看法甚至有些攻击性："他都是学霸了，还不满意，虚伪！""他从来都不是'王子'，'王子'哪有心理素质那么差的！"听到这样的话语，我有些难受，也许在这些同学的日常生活中，他们也是被这样说教的，他们的感受也很少有机会被他人认真对待过或只是被自己认真对待过。

又一节课，一个同学举手发表完自己的看法，我追问了一句："假如你就是案例中的主人公，你刚刚所说的这些能否帮到你？"一时间他有些愕然，沉默了几秒钟，很想张嘴说点什么，却又吞了回去，似乎有一点尴尬，也许没有想到我会问这个问题，也许他想到了什么。我之所以追问他，是因为这个同学说过和案例一中主人公有类似的感受，我想知道他内心里是不是真的这么想的。事实上，每个人都有这样的体验，劝说他人的道理用来说服自己并不一定奏效，也只有在说服自己的时候，我们才会觉察到一个人的认知和情绪并不总是统一的。在这个课堂中，当所有的同学对彼此的发言都深表赞叹时，他们的体验又是什么状态呢？

当我们试图接纳自己的时候，可能明白一大箩筐的道理，但是真正尝试去那样做的时候，却发现真的好困难，会有种种的不满意和不舒服。心理学家斯坦利·琼斯说过，人们早已知道，人类行为的主要决定因素是情绪，当情绪和理智相互争夺对意志的控制权时，往往是情绪获胜。在这个时代，我们很容易被各种理性的声音淹没，各种"高大上"的道理很容易造成一种假象：我们已经很了解自己了，我们知道怎么做了。可是人的情绪体验永远是个性化的，不可复制的。对于每个人来说，真正的接纳始于对自己体验的觉察。允许我们的情绪表现出来，真正的面对它，接受它，一个人才有发生改变的可能性。真正的接纳自己，不是懂得了多少关于接纳的道理，而是从觉察和接纳我们那些不完美的体验开始。

你被拒绝了什么

文：郭明珠

最近朋友圈很火的一封北京大学自主招生的拒信（节选）：

"或许我们一直在努力改进的评价方式尚待完善，目前还不能衡量出你的全部，以致你的优秀暂时无法以一种更具竞争力的方式呈现，但是我们相信你的出色才华将进一步优化我们对于'优秀'的评判。此刻，我们以将心比心的真诚写下这些文字，愿你能理解这不是一次冰冷的否定，愿你能理解，这绝不意味着你不适合北大，只能说明你或许不适合自主招生；更愿你能知晓，你的能力并不止步于此，未来于你仍有无限可能。"

这是一封拒绝的信件，但我们却会觉得这封信很温暖，让人感动，为什么？

其实，期中考试是一种评价，我们参加的社团面试也是一种评价，再有，交朋友也是。我想，很多人在这些场合都有过被拒绝的经历。

被拒绝的感受很不好，伤心、难过、郁闷、沮丧、失落、痛苦、迷茫，好像整个人都不好了。A同学说："看到数学成绩的那一刻，我眼泪就掉下来了，知道没考好，也没想到考得这么差，我的数学真的没救了，我当时心里只想着'我是不是真的好笨啊？'"参加学长团面试的B同学说："我以为我一定能进学长团的，但竟然被拒了，好失落啊，难道我不优秀吗？"最近刚跟好朋友闹翻的C同学说："为什么他跟小组的另一位成员越来越好，他是不是不认可我这个好朋友了，我是不是不够好啊？"那么，A、B、C同学被拒绝了什么？

A同学参加的是一场期中考试，他数学考得很糟糕。他被拒绝了什么？期中数学考得不好仅说明在最近的数学学习中，还有很多需要努力的地方，绝对不能说明A同学的数学没救了，也不能说明他不适合学习数学，更不能说明他笨。其实，后面的那一段话是他自己拒绝了自己，是一种不合理的推论。如果我们觉得期中考试考得不好，就是自己不够聪明的缘故，心情一定非常糟糕，也很难有力气起来继续奋斗。当再次遇到困难的时候，我们就会说"是我不够聪明，我不行的"，结果一次又一次，你真的放弃了，这个逻辑在心理学上有个名字，叫"自我实现的预言"。

我们一定不能自己拒绝自己！重温一下北大的拒信吧，要知道，有很多没有通过自主招生的同学最后通过高考进了北大，也有通过自主招生但最后没能进入北大的同学。所以，如果你有足够的智慧，请别让这些小小的拒绝阻挡了你的优秀，继续努力吧！

你的选择就是你的生活

文：张馨月

转眼间，我成了东校区最老的那拨学生之一。新学期伊始，社团招新大业又声势浩大地展开了。每天饭点时校道上密密麻麻的社团摊位、一浪高过一浪的招新宣讲；晚自习课间宛如一场厮杀的走班大战……这些气氛近乎沸腾、花样百出、各显神通的"百团大战"于学弟学妹来说，可能都是此前从未见过的"奇观"。

初入深中的一个月过去了，学弟学妹们开始逐渐感受到深中社团的独特魅力。从开学起，就常常遇到学弟学妹向我询问"应该报几个社团？""我该怎么选择社团？""社团活动都是啥，会不会影响学习？"同时也有另外的声音，"我不想报社团，只想好好学习，别人会不会觉得我很奇怪？"

在回答这些问题之前，我总是不由自主地回想起去年此时——面前展示着各类社团并且每个看起来都很有意思、很高大上时，我内心曾有过的挣扎。说实话，在报社团的时候我心里是很恐慌的，连发报名短信都用了很大的勇气。各种顾虑在我脑海中盘旋：他们面试会不会很刁钻？我是不是肯定进不了？以后会不会任务很重？我是不是能胜任……在这样的情绪驱使下，我只选择了自认为能够胜任的两家杂志社报名，而放弃了其实心里有一点点渴望参加的活动类社团。这样的决定源于对未知的恐慌，更源于对自己的不自信——我不敢去探索自己没做过的事情。

不管你是雄心勃勃还是有点胆怯，在选择社团这件事上，每个人都有自己的纠结。而此时此刻，再多的纠结都已尘埃落定，化作了你对自己的选择。或许你决定在社团方面大展拳脚，一口气报了七八个；或许你决定把青春和热血都献给心中的某一两个社团，做到最精彩；抑或你打算做个高冷的学习达人，两耳不闻社团事……不论如何，这个决定将很大程度地影响你未来一年的生活，而现在能做的，便是好好享受这个决定给你带来的一切，创造出最大的价值——社团达人们体验不一样的可能

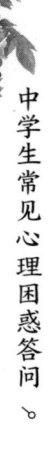

性，从而发现自己真正的兴趣；专注于一两个社团的学弟学妹们纵深发展，抓住每一个机会；学霸们在好好学习的同时也参与一些短时间的活动，让自己的深中生活更加丰富……

大家可能都听过这样一句话，"深中生活是如此精彩，以至于不论怎么过都是一种浪费"。刚刚走进高中的同学可能都有时间突然不够用的感觉，曾经单一的日程安排被打破，突然有了许多自由和随之而来的许多选择，学术、社团、人际、锻炼等多个任务全都聚集在一起，难免有焦头烂额之感。在高一时，我也面临过多个 deadline（最后期限）缠身、学术压力山大甚至觉得人生一片灰暗的困境。可是奇迹一般地，它们都在 deadline 之前顺利完成，并且在一次次这样的考验和磨炼中，我发现了自己身上意想不到的巨大潜能。回想起来，我选择的社团虽少，却都是自己真正的兴趣和擅长所在。繁重任务缠身时，支撑我挺过去的应该就是最初的那一份热爱，还有看到自己的文字变成铅字时那满满的成就感。所以，还是要清楚自己为什么做出了这样的选择，并坚持下来。

最后，愿大家未来一年的生活也能够不愧于你今天的选择。

（作者简介：张馨月，2016 级高二 19 班，学长团总学姐。在深中过了磕磕碰碰又惊喜不断的一年，很幸运在不断拓宽生命维度的旅途中与你们相遇。）

我们究竟竞争的是什么

文：周少嘉

下过跳棋的同学可能都知道，6 个人各霸一方，互相是竞争对手。大家彼此都想先人一步，将自己的 6 颗玻璃球尽快移到对面的终点。如果你只讲求合作，放弃竞争，一味地为别人搭桥铺路，那别人会先到达目的地，而你则会落后于人，最终落得一个失败的下场。相反，如果你只注重竞争而忽视合作，一心只想拆别人的路或者不愿为别人搭桥而走偏，反而会延误了你自己的正事，最终你也不会获得胜利。

道理我们都懂，可有时依然玩不好这个游戏。在上周的生涯课上，我带着学生们玩了一个"惊险 40s"的游戏，任务就是根据卡片的文字信息对应背后的数字，40s 内进入指定区域，把打乱分散的 20 张卡片按从小到大的顺序排好。每个小组只有两次进场机会，每次有人进场后都会重新打乱卡片的摆放。完成任务的每个小组成员都

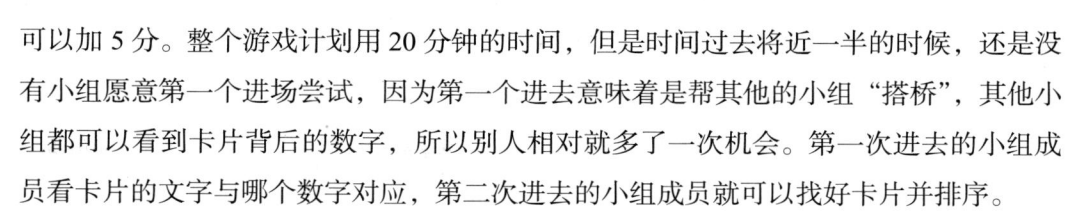

可以加 5 分。整个游戏计划用 20 分钟的时间，但是时间过去将近一半的时候，还是没有小组愿意第一个进场尝试，因为第一个进去意味着是帮其他的小组"搭桥"，其他小组都可以看到卡片背后的数字，所以别人相对就多了一次机会。第一次进去的小组成员看卡片的文字与哪个数字对应，第二次进去的小组成员就可以找好卡片并排序。

同学们都在热烈地猜测文字对应着哪个数字，有些是有联系的，就很容易被猜到，比如"筷子"对应"11"，有些实在通过文字确定不了数字，比如"算术题"……终于有人愿意第一个进去确定卡片背后的数字，只见他把卡片拿起来，只让他面前的同学扫一眼又飞快地把卡片放下，其实我自己内心很怀疑他的小伙伴有没有看清楚。40s 的时间不足以把所有的卡片翻一遍，于是第二个、第三个人接着上了。最后的结果是只有一组完成了任务，还有一组差点完成任务。

分享的时候，差点完成任务的那组代表很气愤地说："别人在旁边一直乱喊指错位置，我听不清自己组员的指挥，还有两个组员都不参与，躲在后面'打太极'，如果不是这样，我们肯定也能完成任务。"第一个上去的同学说："和我一起讨论的不是我的组员，第一个总是没有好结果的……"唯一完成任务的小组代表说他们分工明确，刚开始别的组在翻牌，他们都在记，然后会指挥组员将接下来的卡片放在哪里，减少了查找的时间。

其实整个游戏是在竞争，但又不完全是在竞争，因为竞争的其实是 20 分钟这个时间。在这个时间内，如果大家相互合作而不是随意干扰，前面不花大量时间在犹豫谁当第一个小白鼠，那么完全可以让所有小组成员都完成任务加 5 分，这就能达到共赢。其实考试也一样，你不是在和别人竞争，别人分数考得高又不会让你的分数变低。你实际上是在和过去的自己竞争，和自己上一次的成绩竞争，这样会更有可控感，更有进步的意义。

过有余有间的生活吧

文：王新红

《诗经·葛覃》从植物写起，"葛之覃兮，施于中谷，维叶萋萋"，葛覃，就是柴葛延展的样子，然后写到动物，"黄鸟于飞，集于灌木，其鸣喈喈"。心学大家王阳明注意到一个细节，其实"黄鸟于飞，集于灌木，其鸣喈喈"不是采葛的女子在做这件

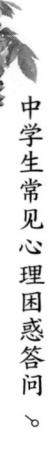

事的过程中必须发生的。

换句话说，它看起来没有用！

可是，看起来没有用的，真的没有用吗？王阳明给我们的答案是：这看起来没有用的东西，这有余有间的东西，有时可以使生命免于"正墙面而立"的逼仄。

因为工作的缘故，我常常需要面对"正墙面而立"的学生。他们都是好学生，超级努力、追求完美、注重细节、精于算计时间、渴望最高效率。可是我们见面的时候，他们常常又都站在了生命的逼仄境地里。这些人虽然个性不同，但是有一个共同点，就是他们要求自己所做的每一件事都是有用的，都是指向清晰的，比如说，都是为了高考，都是为了让自己更优秀。他们始终保持着对目标的最大注意力，丝毫不松懈。然而，最终的结果常常是事与愿违。

这样的好学生，各种各样的原因，让他们习惯了将外部的成就和自己的价值对等，外部的评价对他们的重要性超乎寻常。同时，因为过多将关注放在外部评价的影响上，这群人缺乏必要的自我抚慰能力，很难从非功利阅读、诗歌、音乐、大自然这些看起来没有用的活动中获得滋养，很难过一种有余有间的生活。

新年将至，邀约你一起过有余有间的生活。

不要过度反思你的上一年。反思是为了改进，可是过度反思，消耗过多心力，并不会让人真的持续改进，原因很简单，因为，已经没有气力持续下去，所以人所期待改掉的那些东西，都将会继续和人在一起。如果你可以更多地去想，上一年做了什么值得你肯定自己的事情，对自己多一点理解和同情，留一个温柔的、有弹性的空间给自己，明年就会有更多积极变化的可能。

不要总想着远离"失败"。如果你将在与别人的比较中（比如各种考试）获得的不如人的感受定义为"失败"，那"失败"在明年必然会到来。原谅我的"负能量"，我只是说了实话而已。各种各样的不如意是真实人生的很重要的组成部分，要是没有这些不如意，我简直不能想象如意的面目。"失败"其实没有那么可怕，比"失败"本身更可怕的，其实是你对"失败"的想象，我只见过被对"失败"的想象压垮的人，还没有见过被"失败"打败的人。

有用的事情当然是要努力去做的，不过也应该花一点时间，做点目前看起来并没有用的事，那些既不能让你多考几分，也不能给你换来学时学分的，但是你喜欢的，让你觉得身心愉悦的事。每个人都知道自己愿意做的无用的事情是什么，这是不用老师教的。

"岁月是把杀猪刀"，这把杀猪刀，和庄子笔下的解牛刀，是同一把刀。"恢恢乎其于游刃必有余地矣"，是用刀的至高境界。"良庖岁更刀，割也；族庖月更刀，折也。今臣之刀十九年矣，所解数千牛矣，而刀刃若新发于硎"。庖丁可以做到一把刀用十九年，刀刃还像是刚刚磨过的，秘密就在于他明白有用之物与无用之物，互为依赖。而一般人的目光总在有用之物，只是等丧失了"无用之物"之后，才知道那"有用的"，也不过如此。

心理健康这点事，就是看起来无用的事，却值得你用有余有间的方式，好好对待。

选择自己态度的自由

文：郭明珠

新学期的第一次生涯课，跟大家分享了上学期的生涯作业，我说我评价生涯作业好不好，只有一个标准，那就是这个作业是否给你的成长带来了一些不一样的东西。相反的说法就是，如果你是为了交作业而做作业，那这个作业于你来说，意义很小。

做作业还是不做作业，是一个问题；开会还是不开会，是一个问题；听自己的还是听别人的，也是一个问题。很多人说选择深中，是因为它的民主和自由，但是来了之后发现也不那么民主，也不那么自由，总是有规则要去遵守，总是有不得不做的事情。

我在生涯作业里面看到了三种同学。第一种同学会在课上说生涯课还要写作业，或者写长长的信，告诉我作业的设计有多么的不合理，为什么要做作业；第二种同学纷纷在作业截止日期前，选择了一个最便捷的作业：在朋友圈发文，"快来帮忙评论一下我，需要15人，要交作业了"；第三种同学尝试着在10个可选作业里挑了两个自己感兴趣的、需要的，认真地做了，并写了感想。

我想，这些同学大概是在表示三种面对不那么自由生活时的态度。第一种同学，变得很激进，小到抨击班级制度，大到评论中国的教育体制，表达一种"都是你的错"的态度；第二种同学，变得很失落，把自己置身事外，好像习得性无助，整个人被安排进日程表，表达一种"我没有办法"的无力感；第三种同学，他会尝试在"不得不"里面找到自由，不激进也不失望。

第三种同学让我想起了《追寻生命的意义》的作者弗兰克尔，他是20世纪著名的心理学家，纳粹时期，作为犹太人，他的全家被关进了奥斯威辛集中营，他的父母、妻子、哥哥，全都死于毒气室中，他所有的自由被剥夺，所有的价值遭破坏，每天经受着饥饿、寒冷和拷打的折磨。他说过一句话："在任何特定的环境中，人们还

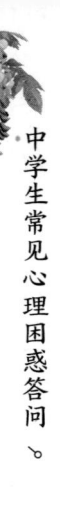

有一种最后的自由，就是选择自己的态度。"是的，你无法改变外在的环境，但你可以选择自己的态度，自由从来都是相对的。

当然，也不是说我们能够在任何时候都带着第三种态度，作为一个有血有肉的人，我们能做的就是，在"都是你的错"或者是"我不得不做"的时候，刹刹车，停下来，看看第三个选择，让自己向自由更靠近一些！

人生的小船不会说翻就翻

文：王新红

上课的时候，我和学生们一起做游戏。假设每个人有八万块钱，可以花在三十四个项目上，比如"成为世界上最聪明的人""谈一次最完美的恋爱""活到一百岁而不生病""精通你的本行"。学生追问我的选择，我的八万块钱花在了三件事上：找一个天才精神分析家做分析；活到一百岁不生病；有无限的车票、机票、戏票去各地看音乐、舞蹈和戏剧演出。有学生不解，为什么不选择"成为世界上最富有的人"，有了这个，你要的这些不都可以实现了吗？

此提问，翻译过来说的应该是：有钱不就有一切了吗？

我笑了笑，告诉他，我喜欢这种简单的逻辑。我羡慕的，是简单。简单的东西，因为没有彼此冲突的消耗，会具有特别的力量。可是，多数人已经不会或不能如此简单了。

譬如我。我不会选择"成为世界上最富有的人"，因为和我的三件事相比，我已经知道它的不可能。我的潜意识、前意识、意识进行过复杂计算，得出这个结论。

上生涯规划课程已逾十年，"它到底可以带给一个人什么"这个问题，总是因为受到不同的刺激，隔一段时间就兜兜转转回到内心。看着年轻的同事，和自己当年一样，纠结于一个活动环节、一句引导语的不同，会不会带给学生不同的影响。敬佩的同时，也会想象，他们是否在未来某一天突然觉得，无常生涯，何谈规划！

是无常让人生变得更为复杂。无常是必然的。我看着学生们咬着笔头，皱着眉头，喃喃自语时，我看见，生活和选择对他们而言，已经是一件复杂的事。虽然他们还没有见过无常，可是应该为无常的到来做些准备，他们不能被直接扔进复杂的人生中，他们得有一条小船，小船里装一点有用的东西。最有用的东西，是他们对自己的了解，对生活的理解。有了这点东西，他们的小船不会说翻就翻；即使翻了，有了这点东西，他们也有勇气重新造船。

感谢这个让我"成为世界上最富有的人"的提问。

发现你的优势

文：陈启荣

在高一的生涯课堂上，我曾经请同学们在 1 分钟的时间里尝试列出自己的 3 项优势，然而能够大方而自信地回答的同学寥寥无几。大多数的同学都表现得特别为难或者毫无头绪，似乎同学们从来未曾正面思考和回答过这个问题。然而，如果我们把问题改成在 1 分钟的时间里列出自己的 3 项不足之处或者缺点，大家是否会更容易地回答？这似乎正是大多数人的一种思维习惯，人们更习惯于关注自己的不足和缺点，甚至是穷尽一生去改进各种劣势，然而，对自己的优势却往往缺少关注和认识。

早在 20 世纪 80 年代，西方学者提出了一种有别于传统的看待事物的视角——优势视角。优势视角是从批判传统的问题视角和缺陷模式开始的，立足于当代的积极心理学发展，提倡人们应当关注优势和潜能，从积极正面的角度来看待自己、看待他人和看待世界。美国著名社会工作学者丹尼斯·萨利比认为，个人、团体、家庭和社区都有优势，所有的环境都充满资源，所经历的困难和挫折之中也都充满着机遇。同时，对优势的理解拓宽为个人优势和环境优势，让人们在面对逆境和困难的时候能够从内在和外在两个方面探寻资源，从而更好地帮助自己摆脱困境。积极心理学家马丁·塞利格曼通过研究指出，人具有 24 项性格优势，这 24 项性格优势构成了 6 项具有普适性的美德，而这些正是人们面对危难时能够帮助自己的重要品质。

木桶原理，大家耳熟能详。经典的木桶原理认为，一个木桶能装水的容量决定于最短的那根木板。然而，有人提出了新木桶原理，认为只要将木桶保持倾斜，最长的木板越长，这个木桶能装的水就越多。新旧木桶原理的对比，说明的正是问题视角和优势视角的差异。为什么会有这样的差异？这取决于你看待事物所采用的视角，你关注的是问题缺陷还是优势潜能。有的同学常常抱怨自己的各种缺点，投入大量时间去改正却未见成效，为此而苦恼自卑；有的同学则专注于自己的爱好特长，不断地投入实践，因此而愉悦自在、收获成果。当然，优势视角并非忽视缺点、回避问题，优势

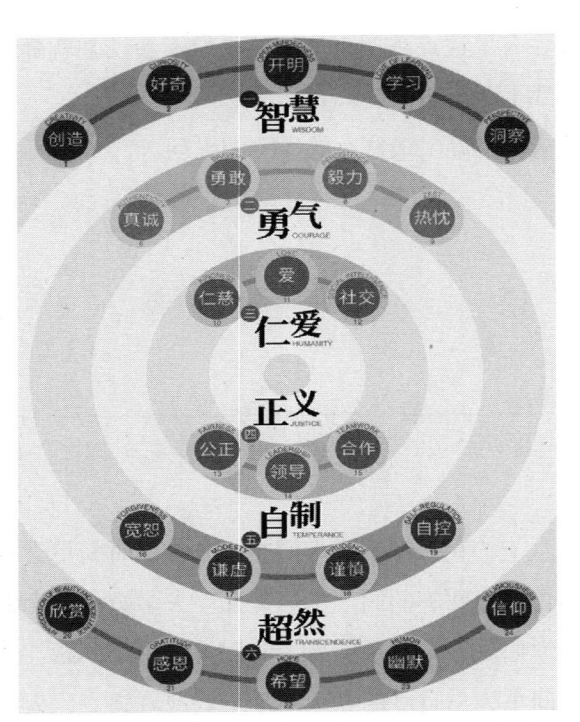

资料来源：www.ZhiEXP.com / Peterson & Seligman.（2004）. Classification of 6 Virtues and 24 Character Strengths.

视角是把重点放在利用资源发挥优势，以此更有利于高效地实现目标。

在此，和大家分享关于发挥优势的三个原则：

（1）若想取得成功，请最大限度地发挥优势，而不是只关注克服弱点。

（2）若想把某件事情做得出类拔萃，你只需要具备特定的某些方面的优势。

（3）若想使某项事物成为你的优势，你就必须始终如一地做好它。

我们需要做的是，从现在起认真对待每天的生活和学习，尝试从中发现你的优势，然后不断发展你的优势，让你的优势能够发挥得淋漓尽致，这便是优势视角下的成功之道。

思考一下自己具有哪些优势，请把它充分应用到你的生活中。

接纳真实的自己

文：高瑞情

在一次聊天中，一位同学说道，感觉来到深中之后，周围都是特别优秀的人，自己想要把每件事情尽力做完美，却发现自己哪点都不如人。分数不是最高、性格不是最好，就连写作业的速度也跟不上大家；事事想要做到最好，反而事事不如意，让自己更加失落和自卑。为什么以前那么优秀的自己，现在却处处不如别人了呢？

还有这样一位同学，性格大大咧咧，从小学习过很多才艺，表达能力很好，在人际交往中很受欢迎。表面看来积极向上的她，内心深处却是在烦恼着"周围人都是那么厉害，而自己还有一些缺点，自己不再优秀了"。优秀的定义是什么呢？优秀的人应该是完美的人吗？

进入深中的你，或许也遇到过上面这些烦恼。和有些同学、家长聊天之后，我能感受到大家对于完美的追求与向往，认为在某方面有不足就是 loser（失败者），但是世界上真的有十全十美的人吗？答案是否定的。那么我们该如何对待自己的不完美呢？

每个人的特质不一样，不需要随大流地去制定一些看似完美却并不是自己想要的、不适合自己的计划与目标。没有人生而完美，那些表现得优秀的人，是因为他们更懂得自己的擅长之处，懂得什么样的事情应该全身心地去做，以及怎么做会更好。

承认和接纳真实的自己，无论是优点还是不足，这就是真实的你，不必要求自己成为一个十全十美的人，但要让自己成为最懂自己、最欣赏自己的人。当你学着接受自己，才是成长和成功的开端。

未来不可知，由你来续写

文：刘方松

大部分人在生活的某个阶段都会对未来抱有梦想，比如希望成为什么样的人、做成什么样的事情、过什么样的生活。这些梦想会点燃日常生活的激情，让我们更有动力去完成一个个任务。梦想往往是距离现在的生活较远的一个目标，因为这种遥远和不可控性，出现了设定近期目标和没有目标这另外两种选择。

有同学会问：到底哪种目标才最好呢？我相信每个同学都会有自己的答案，于是在课堂上就出现了以下这一幕。

持有中长期目标的同学认为：这种目标状态会让所有的付出和努力有清晰的方向，让自己能很好地安排时间。有这样一个例子说明这一点：一个初三的学生，很想来深中读书,但成绩不够理想又爱睡懒觉。为了花更多时间去学习,他让母亲对着他耳朵大喊"深中",他便有动力起床了。然而,不是所有的中长期目标都能带来动力,过高的目标有时候反而是巨大的压力。就像小L,他希望将来成为北京大学中文系的一员,即使平时学习很努力,也只排在班级靠后的位置,心理落差很大,又感觉很自责。一想到目标离自己越来越遥远,小L对学业就更加不自信了,甚至经常烦躁不安,连作业都完成不了。

而人数最多的"近期目标大部队"则认为:完成近期的任务,达到目标会很兴奋、开心,近期目标不像中长期目标那样遥不可及,近期目标具体可操作,让自己的生活井然有序。"做好当下的事情,完成当下的任务,过好每一天"成为不少同学的生活信条,这样做既看得到具体效果,又获得生活的可控感。然而如果只有近期目标,有时候也会带来困扰。要是每天都给自己列许多的计划,计划完不成时会对自己很失望。即使每天都在努力学习和参加学校活动,却不知道学习是为了什么,就会带给你一种心烦的感觉。

也有同学没有目标(这部分同学可能是最少的),他们有自己的想法:目标会给人带来压力,而生活又充满了可能性和变数,计划赶不上变化,没有目标的状态可以让自己随遇而安。没有目标的同学有时觉得自己像是飘来飘去的气球,找不到方向,除了完成一些常规的事情(作业)和定期的任务(考试)之外,总觉得自己虽然一直在忙碌却不知道自己到底做了什么、为了什么,内心总会有些空虚,尤其在空闲时间就不知道该干什么,于是便选择更容易做的事情(比如刷朋友圈)去打发时间。

这更像是一场分享会,同学们互相分享设立不同目标给自己带来的影响,让我们明白每一种目标状态都有利有弊。我们可以做的就是探索自己的目标状态中哪些是有促进作用的,哪些是需要调整的,而不是被惯性的生活所控制。

当有人比你厉害时,你怎么想

文:郭明珠

最近,听到几种声音:"我的上铺经常'颓机',为什么期中考试成绩还比我好?""为什么他们写作业那么快,好像只用我一半的时间,看到他们我都不想写了""来到深中之后,经常感觉自己很渣,老师问的问题,生怕答不好让同学笑话,课堂上都不发言了"。有些同学更直接地问我："老师，到底他们是真的不努力，成绩就这么好，还是私下努力，但说没有努力呢？"这些疑问里面，都充斥着怀疑，真的有这么厉害的同学吗？充斥着不相信，我怎么会是这个排位？

上面的种种疑问，化作一个很基本的问题就是"是不是我不如他们？"这个问题带来的联想就是"我是不是很差？"大家有没有发现，这个问题真实的答案就是，有人比自己牛，而且还不止一个，就目前情况来说，自己确实比不上他们（这里可以停顿一分钟，感受一下这个事实给自己带来的感觉，有没有想逃走，或者很沮丧……）。

接受这样的现实，很心痛啊，也很失落。但是，这就是现实啊。这样的现实，让人有一些难过。这种难过本身没有太多的问题，真正有问题的是后面的联想："我是不是不如别人？我很差，真是失败。"以上，我们称为情绪化推理，或者是以偏概全。我们遇到了比自己牛的人，是绝对不能推理出"我就是差""我就是渣"的（此刻启动你的前额叶想一想，是不是这样？）。是啊，就是有那样的学神存在，你不是他啊，可是，你为什么要成为他呢？你只要成为你自己就好了。当然，你也可以选择不醒来，沉醉在悲伤的世界里，沉醉在通过想象自己就可以变强大的世界里。这两种选择，其实跟人的思维方式有很大的关系。

深中校友陈一丹设立了全球奖金最高的教育奖项"一丹奖"。首届"一丹教育研究奖"获得者是斯坦福大学的卡罗尔·德韦克。德韦克思考一个人做事情获得成功跟智商是否有关。有关系，但不是根本原因，且智商也不是不可改变的。德韦克教授的研究发现，思维模式的差异会导致智商出现分化，进而影响人在做事时的投入和专注度，影响事情的后续发展和结果。

德韦克提出人的思维方式分为两种，一种是成长型思维，另一种是固定型思维。具有固定型思维的人认为每一件事都是评判自己的标准，做到了，自己就是好样的、优秀的，做不到，自己就是糟糕的、才能不足的，为了避免这种糟糕的感觉，逃避困难挑战，只做自己擅长并能做好的事，避免接触和学习新的知识与考验。具有成长型思维的人乐于接受挑战，并积极地去提高自己的能力，认为每一件事都是一个让自我成长的机会，越难、越有挑战，自己可以从中学到越多的东西；认为努力、有策略的努力可以不断克服困难，是提高自己能力的不二法门，专注于过程和学习，而不是他人如何评判、看待自己。

我们如何看待自己，决定了我们会成为什么样的人。

积极的不确定

文：郭明珠

在入学适应课上，我们通常会让同学们画两幅画，一幅是理想中的深中，另一幅是现实中的深中，如果你来画这两幅画，会是什么样子呢？我们在脑海中想象一下。

我想，画这两幅画的内容相差不多的同学是少数的，更多的人会感到在理想和现实中间充满着差异。我特别好奇的是，当面对这种差异的时候，我们是如何思考的？

我们可能在夜谈时吐槽，在吃饭时抱怨，甚至萌生一种"这个班级不好，我不适合待在这里"的想法；或者是把自己隐藏起来不跟同学吐露心声；或者是用一种幽默的方式化解深中的新物种"柠檬树"的味道；或者是感觉我们有机会在"逆境"中生存。

一个新校区，一切都是全新的开始，我们可能会遇到崭新的饮水机但是没通电，我们可能会遇到宿舍的空调没有安装要去隔壁打地铺，也可能会遇到在诺大的校园里迷路，也可能会遇到一个"跳脱到不可思议"的班级、一个异常严厉的教官、一群令人窒息的学霸，遇到非常多的"预期之外"，时刻感受着变化和不确定。

高中以前的生活，更多的时候是规划好的，沿着一条相对确定的路径走着，还有父母、老师在前面清理路障，在后面收拾残局，但上了高中，我们其实是进入一个需要自己开始去做主、去负责的过渡空间。不知道大家有没有感觉在自己当家做主时"心里有点慌"？其实，这也是未来给我们的挑战，随着人工智能和信息技术的发展，很多岗位会被取代，一个商业巨头也可能突然倒下。作为未来时代的人，我们如何去发展自己应对变化的适应力，是需要学习的。生涯心理学家吉列特主张用"积极的不确定"的生涯观来应对生涯发展中的不确定性，积极的不确定指的是当生涯决策者在面对信息的不确定、情绪的不确定、认知判断的不确定以及成功的不确定等诸多不确定因素时，应该抱有一种乐观的态度去接纳这些不确定，并保持开放的心态，不断开拓与丰富生涯发展的空间，由此带动新的经验、新的信息、新的价值、新的观点，挖掘探索未知的潜能。

面对时常迷路的校园、高中学习的特点、想念好友和家人的情感、选课选社团的未知、同辈的压力等，我们可能需要抱有"积极的不确定"的态度。

"我会尽我最大的努力!"

"所有人都会犯错误,我可以试一试,即使错了也没关系。"

"做得越多,我就会感觉越轻松。"

"一开始人们都会紧张,表现出友好就可以了。"

"你不需要总是做得很好,尽力就可以。"

"这也许是一个机会!"

"也许这会有用。"

"这可以提升我的能力。"

"我可以先试试看。"

……………

可能就是这样一个简单的想法的变化,我们就能更好地拥抱不确定。

祝贺你迎来了高中生活,获得了提升自己生涯应变力的机会!

冲刺阶段,面对压力"做减法"

文:黄润银

《解放军报》曾经刊登了这样一个故事:某连队组织10千米耐力训练,400米的操场要跑25圈,还剩五六圈的时候,小伙伴们有点"扛不住了",王班长一直在队伍里给大家计圈,"14圈""15圈""16圈"……战士小余"抗议"了:"班长,不能再往上加了,能不能数还剩多少圈,'做减法'心理安慰大些。"

小余口中所说的"做减法"不仅是一种心理暗示,通过"数字的不断减小"来帮助自己更加确信离目标越来越近,也是一种处理压力的有效方式,在行动上更能全神贯注投入其中。

有的同学在复习的过程中不知不觉给自己背上了很多心理上的"包袱",比如一次日常数学测试成绩出来之后,考得不是很好,于是会衍生出一系列的问题:我数学总是出现失误;我的学习效率太低下了;复习的环境不好,父母总是不在家陪伴我;自习课时身边同学总是说话,不顾及我的感受……当你有类似的情况时,说明你需要给自己"做减法"了。

"减法思维"意味着整理和舍弃,意味着专注。把有限的精力集中在最重要的事情上。面对压力做减法，以下两个建议可以帮助你。

一、整理复习计划

同学们制订一个整体的复习计划，了解自己需要完成哪些事，把重要事项列入计划之内，那些相对没那么重要的事可以舍弃。在考前一周把学科所有的知识点都复习一遍，把复习的内容进行梳理，针对薄弱的知识模块进行深入复习会更有效果。制定每天可达成的目标，这样有助于提高自己对学习的"掌控感"。你的时间、你所要做的事，始终都在自己的"掌控"之中。

二、化繁为简，做好平常事

临近考试，有的同学对自我的状态会有理想化的期待，比如"我必须以最佳的状态迎接期末大考""快要考试了，我必须全身心投入"……越是这样，反而越会深受其困。保持平常心，保持规律的作息时间，做好当下平常事，这就是最好的应考状态。

另外，同学们在学习之余，可以花 5～10 分钟的时间，做一些简单的可以让我们放松下来的事情，和平常一样，学会劳逸结合。比如欣赏窗外的美景、听一首轻音乐、和同学聊聊有趣的事情，放空一下自己的思绪……在压力状态下，你能沉静下来，花几分钟从紧张有序的学习中放松下来，能很好地帮助你提升应对压力的能力。

"压力山大"的时候，多寻找积极因素，尽量给予自己积极、正向的心理暗示，排解压力，减少心理负担。

第五章 如何做好生涯规划

生涯初体验

文：白小琴

深圳中学开学第一周有生涯规划主题讲座、"百名家长职业进校园"活动、"职业生涯规划课"及"职业规划选修课"等。同学抛来疑问："为什么生涯教育要在中学阶段做，'职业生涯'不是大学毕业以后的事情吗？"

这位同学，我想你对生涯教育有点误解，借此机会，我们来聊一聊什么是生涯。生涯（career）是指个人通过从事工作所创造出一个有目的的、延续一定时间的生活模式。生涯是生活中各种时间的演进方向和历程，它统合了个人一生中依序发展的各种职业与生活角色，由此表现出个人独特的自我发展形态。

个体是生涯的主动塑造者，每个人的生涯发展都是独一无二的，只有在个人寻求它的时候，它才存在。从心理学和生理学的角度上讲，高中阶段的学生对未来生活充满期待和幻想，开始更多地了解自己。深中的生涯教育是根据青少年的身心发展特点来设计和规划的，内容有初入校园的适应方面（人际适应、角色适应、环境适应）；自我概念的觉察和认识方面，如了解自我（兴趣、优势、缺点等）、抉择（价值观、判断力）、目标管理（执行能力、计划、自我管理、时间管理）、能力提升（沟通能力、合作能力、自控能力等）；心理健康模块；等等。

生涯教育不仅能帮助我们从不同的维度进行自我探索，逐渐锻炼出高效抉择能力，做好生涯规划的准备，而且能帮助我们清晰地认识自我，了解自身的能力与优势。国际物理学奥林匹克（IPhO）金奖得主杨天骅同学曾分享："思考好自己内心向往的是什么，在面对选择时，选择你真正想要的那个选项。"我觉得这就是生涯教育的初心——帮助学生明确自己心之所向，并发展出为之持之以恒努力的毅力和热情。

而这也是生涯教育要践行的目标。

随着智能时代的到来，未来有太多的不确定性，但是一个拥有生涯决策力、明确自我定位、提早去做生涯规划并努力坚持的人将会成为未来的主力军。

兴趣的 N 次方

文：张悦昕

在最近的生涯课堂上，老师们给大家介绍了"兴趣三阶段"模型，通过学习，我们了解到一个兴趣的真正养成并不是一件容易的事情，在这个过程中，需要我们主动地进行思考，付出行动，并且要耐得住激情退却后的沉寂，最终才有可能实现兴趣的升级。

现阶段的我们身处一个信息大爆炸的时代之中，每天接收到的信息千千万，能瞬间吸引我们注意力与好奇心的事情太多太多。比如，今天的你也许因为发现上篮的姿势很帅而喜欢上篮球，明天的你突然发现穿足球服更酷转而又投入足球的怀抱。这些因为感官刺激而出现的兴趣一个接一个，让我们感受到不间断的感官愉悦。但是这些处于感官刺激层面的兴趣往往是外控的、不稳定的，当我们不再感到新鲜时，曾经汹涌澎湃的兴趣感也许就会如潮水般退去，重归寂静。若我们总是游离在这些感官兴趣之中，也许有一天会突然发现自己似乎没有什么值得一提的兴趣，但又好似对很多事情都挺感兴趣，永远无法摆脱兴趣表面披着的"千篇一律的皮囊"，将其蜕变为那"万里挑一的灵魂"。

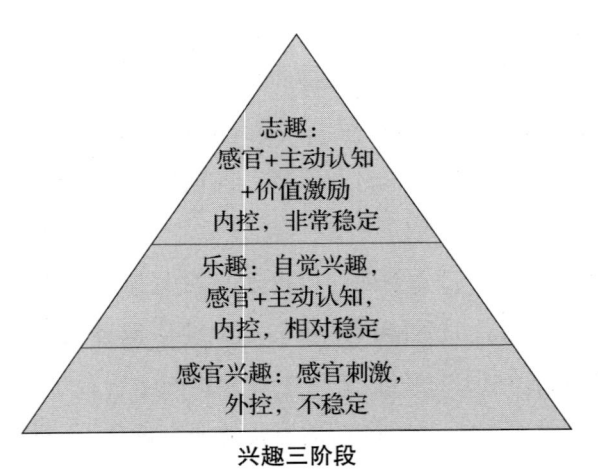

```
           志趣：
        感官+主动认知
         +价值激励
       内控，非常稳定
      ─────────────
      乐趣：自觉兴趣，
       感官+主动认知，
       内控，相对稳定
     ─────────────
    感官兴趣：感官刺激，
       外控，不稳定
```

兴趣三阶段

资料来源：古典．你的生命有什么可能 [M]．长沙：湖南文艺出版社，2014．

事实上，人的注意力是有限的，当你的大部分注意力都集中在各类感官兴趣的"轰炸"中时，其实很难再有精力将你的兴趣金字塔往上建，也就无所谓到达金字塔的顶端。所以，在各类感官兴趣中，我们还是需要加入自己的主动认知与行动，使兴趣持久并定向在某一领域，如此才能实现兴趣—能力的循环。

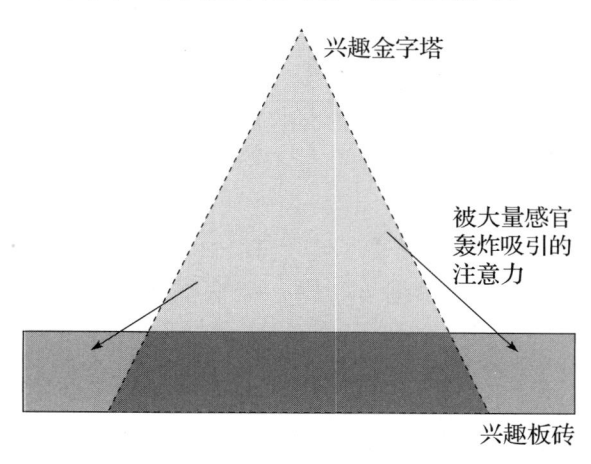

兴趣金字塔

被大量感官轰炸吸引的注意力

兴趣板砖

资料来源：古典.你的生命有什么可能[M].长沙：湖南文艺出版社，2014.

当然，并非所有的感官兴趣在经过行动、探索、思考之后都能够顺利进入兴趣的第二甚至第三层级，有些兴趣也许在你经过一番苦苦挣扎后便石沉大海，最终，只有那些能够与我们的价值观与志向相结合的兴趣才能够变为最终"存货"。这类兴趣还有一个很重要的特点就是：它不会随着你能力的提高而被满足，它不会有所谓的边际递减效应，反而会随着你力量的增加而得到提升。

想起课堂上有同学给我分享的一个他的兴趣的故事，他说他曾经有段时间很喜欢钓鱼，因为觉得钓鱼很酷，自己也喜欢吃鱼，而且经过长时间的等待终于钓上一条鱼的时候会特别有成就感，但是随着钓鱼的次数多了，自己的钓鱼技术越来越熟练，能够很轻易地就钓上一条鱼，这时钓鱼再也不能带来成就感，他开始觉得这是一项很枯燥无聊的活动。钓鱼对于他来说已不再新奇，再没有能够推动这个兴趣继续向上的内在动机，在完成兴趣—能力的初级循环后，也没有一个更大的相关兴趣在不远处等着他。

但同时，他还有另一个兴趣，就是收集乐高积木模型，从他很小的时候就开始喜欢了，这么多年一直保持着很高的兴趣度，他能用乐高积木拼出越来越多的动漫人物模型。我很好奇地问他："你拼乐高这么多年，技术应该很纯熟了，可为什么你不会觉得枯燥无聊呢？"他回答说因为自己很喜欢动漫里的那些人物，觉得这些人物身上有自己的心之所向。有时心之所向之处便是那个永不会被满足的兴趣"黑洞"，支撑着我们把这个兴趣养得越来越大，也推着我们走向更远的未来。

孔子有云：知之者，不如好之者；好之者，不如乐之者。所以，日后当你苦于找

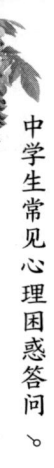

不到学习或是生活的动力时，不妨问问自己："我喜欢什么？"也许能给你一些指引。

新高考改革模式下的生涯思考

文：张悦昕

2019年4月，经教育部审核备案，广东省政府印发了《广东省深化普通高校考试招生制度综合改革实施方案》（粤府〔2019〕42号），这标志着广东省新一轮高考综合改革正式启动。

在本轮新高考改革中，有一个明显的变化体现在招生录取方式上。以往，我国高校招生实行的是"学校＋专业"的志愿填报和投档录取模式，考生在填报志愿时，首先要选择报考院校，然后从选报的学校中选择专业。在这样的招生录取模式下，同学们常常会纠结于优先考虑学校还是优先考虑专业，每年都会有同学被录取到自己心仪的学校，但是却被调剂到自己不喜欢的专业，自身的专业兴趣和爱好得不到满足，进而影响了专业学习的积极性。但是，在新高考模式下的招生录取模式变更为：按照"院校专业组"的方式实行平行志愿投档，一所院校可以有若干院校专业组，每一个院校专业组由若干专业组成，同一个院校专业组内的所有专业的选考科目要求相同，志愿填报及投档以院校专业组为单位。这样的模式在很大程度上解决了以往招生中同学们专业志愿被忽视的问题，最大限度地保障了同学们的专业选择权，有利于避免被调剂到不喜欢专业的遗憾。

然而，在扩大选择的权利和空间的同时，这也意味着对同学们提出了一些新的要求。比如，如果在高中阶段简单地将自己的高考目标定位于某一所或某几所大学，而对专业方向一无所知的话，当面对选科选考或志愿填报时，就会感到迷茫，很可能会在匆忙之下做出让自己后悔的决定。

为了让自己日后在面对生涯相关的选择时能够从容不迫，现如今的我们如何去对自己的生涯规划进行有效探索呢？《生涯发展和服务：一种认知的方法》一书中提出了思考生涯发展的有效方法，即认知信息加工理论，用金字塔模型来描述个体进行生涯选择的过程。

该理论认为，我们在进行生涯选择时需要经过这样的步骤：第一，获得关于自己和环境的认知；第二，在自我认知和环境认知的基础上做出适合自己的选择；第三，在元认知层面对决策进行监控和调整。

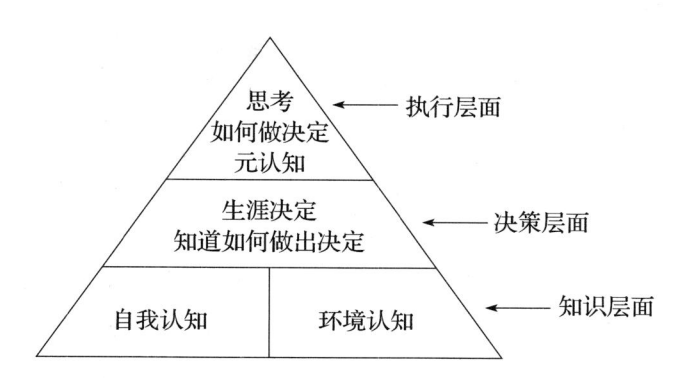

```
         思考
       如何做决定  ← 执行层面
         元认知
       
       生涯决定
     知道如何做出决定  ← 决策层面
     
   自我认知 | 环境认知  ← 知识层面
```

我们可以简单地用一个比喻来理解这三个层面的关系，知识层面就好比是工厂加工的原材料，决策层面就是处理这些原材料的车间工人，执行层面就是质量监控者。结合我们的实际生活，具体来讲，自我认知层面包含了解自我的兴趣、能力、价值观、个性特点等；环境认知层面包括了解家庭职业背景、父母对你的生涯期待、高校信息（办学水平、专业特色、就业情况、个人生活）、专业信息、职业信息、社会文化、社会政策等方面；在决策层面，你需要学习并具备选择的能力，这包括了解自身的决策风格、学习科学决策的方法、权衡利弊做出选择等；在元认知层面即执行层面，你需要具备自我觉察、自我对话的能力，实时监控决策的有效性，并在决策失效时能够及时调整策略。

由此可见，做生涯决策，第一个问题就是要了解自己。大家可以通过以下问题看看你对自己的了解程度如何，对这些问题的思考也许可以帮助你确定接下来生涯探索的行动方向。

问题一：我最喜欢做什么类型的事情，即使没有报酬也会乐在其中？写三件。

问题二：我最擅长做什么类型的事情，通常比别人做得更好？写三件。

问题三：我最希望未来的工作满足自己的哪三个需要？

生涯规划之旅

文：郭明珠

在备课的过程中，我们几个老师在深圳中学公众号的深中学子栏目看了很多已经毕业的同学写的自己的故事，试图去寻找这些同学的发展路径，王磊老师甚至把这几十篇文章都收入文档里，做了词频分析，排在前面的几个关键词是：学习、高三、选择、时间、竞赛。

但是，当我们细细去品味，再进入每个学子的文章里去寻找被提到最多的这些关键词的时候，发现每个人对关键词的所指都是不一样的。比如在关键词"学习"上，常佳雨同学说"深中这所学校带给我的，是一种叫作'通向更远方'的生活体验，'通向更远方'这颗种子，最初是由我的同学们在我的心中栽培下的"，这里的学习跟身边人有关；李云昊同学眼中的学习是"我当初之所以选择深中，最重要的一点是这里有丰富的社团生活，这些社团不仅能让我继续保持原来的兴趣爱好，还能拓宽我的知识面"，这里的学习跟社团有关；修泽宇同学眼中的学习是"真正的学习，不是为了使自己的考试分数更好看，也不是为了跟其他人显摆，更不是为了能写几篇学术垃圾交作业。学以成人，首先是使自己成为理性的动物"，这里的学习跟培养人的思维方式有关。

那么，深中学子的发展路径到底有什么规律可循呢？其实，这里面我觉得涉及一个很重要的问题，就是我们生涯规划的目标指向什么？是指向更成功的人生吗？比如上一个好大学？找个好工作？或者是改变这个世界？美国著名管理专家丹尼斯·韦特利在《成功心理学》中写道：成功意味着一生的成就，它来自你在你的工作和生活中创造的一种有意义的感觉。成功是一个历程，而不是终点，你所得到的财富、名誉、关爱并不意味着你获得了成功，它们只是你在追求成功的道路上得到的鼓励和赞赏。

所以，生涯规划很重要的作用就是去探索自我发展目标，在前行的路上我们要时不时地问自己这三个灵魂问题："我是谁？我从哪里来？我要到哪里去？"。而高中阶段，可能很重要的，就是多问问自己"我是谁？"，我们需要去探索自己的兴趣，这里面包括对自己感兴趣事情的坚持，也包括对自己暂时并不感兴趣事情的尝试；包括在面临众多选择的时候，经常觉察自己到底想要的是什么，自己珍视的究竟是什么，"我该在社团中坚持下来吗？还是一门心思搞学习？""这次的比赛，我要不要参加？""如果我坚持这么做，我可能会失去一个朋友，我要继续吗？"；包括在实际行动中了解自己的能力，包括在很多领域的"第一次"，比如选择一门课程、参与一次社会实践、在社团中担任一个职务，学会用辩证的、发展的、联系的眼光来看待自己和世界。

希望我们在生涯规划的路上，能够诚实地面对自己，尤其是面对不那么完美的自己，对自己有充分的信任和尊重，最终找到自己，成为自己！

理想自我：我想成为一个什么样的人

文：刘本荣

对自我的探索是进行生涯规划的起点。生涯规划第一课，我们从认识自己的名字开始认识自我，从我们的名字中了解父母对我们的期待，从各种小名、昵称中了解他人眼中的自己。同时，我们还思考自己的理想自我：我最终想成为什么样的人？依据这个思考，每个人给自己取一个号。

从有的号里，我们可以看出这些同学未来的理想和志趣，从有的号里，可以看到这些同学对自己个性状态的一种思考，而有的同学苦思冥想也没想出来自己的号，可能是因为还不清楚自己想成为一个什么样的人。

一、用行动去践行你的理想自我：你做什么，就成了什么！

著名的人本主义心理学家罗杰斯认为，自我是所有体验的总和，因而是流动的，不是僵化不变的。通俗来讲就是：你做什么，就成了什么；你想成为一个什么样的人，那你就做与之相关的事情。比如你希望自己是一个自律的人，那你平常可以从一些小的方面培养自己，比如上课的时候尽量做到不违反课堂纪律，想随意讲话、想做小动作的时候以此约束自己；为自己制订的时间计划要尽量去严格执行；答应别人的承诺要尽量去兑现；等等。做着做着，你会发现自己真的成为一个自律的人，周围也有人非常认可你这一点。

二、用行动去探索你的理想自我：在行动中寻找答案！

有的同学尽管冥思苦想，也没想好自己要成为一个什么样的人。别着急，因为你一旦开始认真思考，离答案也就不远了。寻找答案的过程不只是需要用脑，还需要更多的实践和向外的探索，所谓"在行中知，在知中行"。

如何明确自己想成为一个什么样的人呢？

1. 多读名人传记

从古今中外个性迥异的历史人物中领略他们的人格魅力，了解他们的志趣理想。

"高山仰止，景行行止。虽不能至，然心向往之。"在这些历史人物中浸染得久了，你的志向也会自然而然生成。比如有一个同学对《史记》里面的人物故事如数家珍，对刘邦这个人物尤其喜爱，特别希望成为像刘邦那样洒脱豪爽、能屈能伸、越挫越勇的人。

2. 在现实生活中，多与优秀的人接触

与不同的优秀的人比如班级同学、学长学姐等接触，耳濡目染，从他们的言行举止中寻找共鸣、寻找认同。相处久了，心中有一些念头便会自然而然地冒出："我也想成为他（她）那样的人。"

3. 了解自己父母、长辈、祖先的生涯故事，从家族传承中了解自己的使命

对自己家族的人，我们往往有着天然的亲近，所以很容易从他们的个性和理想中找到认同。比如有一个同学偶然在一次家庭聚会中了解到自己的太爷爷逃难闯关东，父亲是大学一毕业就到深圳打拼，白手起家，如今成就斐然。听父亲讲起这些家族奋斗的历史，他的自豪感油然而生，立志要像父辈那样不畏艰难，在某个热爱的领域开拓出自己的一片天地。

作为一名少年，我们的自我还远未定型，不要用任何一个标签如"我是一个内向的人""我是一个不善言谈的人"等束缚自己的手脚。自我是建构出来的，自我是创造出来的，你想成为一个什么样的人，你就怎么去做，因为：你做什么，你就成了什么！

第六章　如何学会学习

学习中的顿悟体验

文：王磊

　　回忆我们的日常学习生活，每位同学都会遇到百思不得其解的问题，或许是一个脑筋急转弯，或许是一个字谜，或许是一道数学题。面对这样的问题，有时我们会抓耳挠腮，无法找出答案；有时我们会灵光一现，突然看到问题中的各种关系，从而解决了问题。这些日常的体验在提醒着我们，我们的大脑中可能存在一种突然解决问题的机制，这就是顿悟。顿悟是一种创造性解决问题的过程，在问题解决过程中将已有的经验进行重新整合，因此找到了新的解决问题的方法。

　　顿悟在我们的学习中比较常见。数学老师在教授几何课，讲到某个定理时，例如三角形的内角和都是180度，学生结合日常对三角形的朴素认识，可能会产生一种"哇，原来是这样的"的体验。解物理题时，开始时苦思冥想，不知题干信息的作用，在那么一瞬间突然明白了题干中各项信息之间的内部联系，找到了解题的切入点，从而顺利地解决了问题。

　　在做研究性学习时，同样存在着顿悟的过程。面对一个现实中的问题，一开始你可能有无数种想法。数学家庞加莱形象地把存在于人脑中的种种想法或概念叫作"观念原子"，它们平时就像挂在墙上的"钩子"上一样，在开动头脑机器之后，成群的观念原子就纷纷"脱钩"，在空中翩翩起舞，原子间通过相互组合就能产生新的观念原子。组合的形式是无穷尽的，通常，最早出现的是平凡的组合，而一旦出现绝妙的组合，顿悟随之产生。这种绝妙的组合不可能平白无故地突然产生，一般需要你本身具有充足的知识储备，并且至少聚精会神地连续工作两三个乃至五六个小时后才会逐步形成。

　　顿悟如此有用，那如何提高自己的顿悟能力呢？我们可以从以下四个方面入手。

一、广泛地了解各方面的知识

知识的广度决定了你在思考问题时可以联想内容的多少。当一道命题作文出现时，较广的知识面有助于个体激活以往的知识结构，让你对大脑中的知识进行重新整理，写出一篇精彩的文章。

二、对知识结构进行梳理

认知结构学习理论认为，我们应该对已学的知识进行整理、分类和再加工，将知识组织成整体。每天可以花30分钟梳理今天所学习的新知识，隔一段时间整理笔记和错题本，并将笔记和错题本中的内容与课本中学习的内容再次对应。网状、有层次的知识结构有助于你在解决新的问题时，更轻易地联想到所需要的知识点，将知识点进行重新组织联系，产生顿悟并解决问题。

三、排他性的冥思苦想

学习过程中，需要专注、狂热、深入地思考问题。在这个过程中通过单点突破，以点带面深入地理解问题背后涉及的所有原理，从而融会贯通。例如，同学们都解过数学试卷的最后一道大题，该道题目可能涉及多个知识点，当你在对此问题进行长时间的专注思考后，可以加固脑中相关知识的联结，有助于下一次产生顿悟并解决问题。

四、与他人思想碰撞

对同一个问题，不同人看待的角度会有所不同。你在和别人交流的过程中，也是在理解他人是如何解决问题的，这会给你带来很多顿悟的体验。

希望同学们在学习生活中多多运用以上方法，祝愿每一位同学都能迎来自己的顿悟时刻。

为什么没有进步

文：郭明珠

高三两次月考之后，有部分同学感到很苦恼，为什么从自己的成绩里看不到进步，甚至退步了？有些同学觉得自己从来都没有像现在这样努力过，可是为什么还是看不到一点进步？为什么别人看起来很轻松的样子？为什么有些原来比我差的同学，现在跑到我前面去了？难道我真的只能到这个位置？在这条"马拉松跑道"上，你有过上述困惑吗？出现这样的状况通常是有原因的，我们可以看看下面几种情况，想想哪一种是可以开自己那把"锁"的"钥匙"。

第一种，学习方法、时间管理上的漏洞

高三这几个月的学习，知识量是非常大的，有些同学期望能够找到最好、最快的方法，一下子所有科目都有所提高，把所有时间都用满、用尽。当你在寻找这样的方法时，就已经错过了真正的好办法。见效最快的学习方法，就是找出问题的原因，然后循序渐进，一个个地消除，比如选择你觉得最容易提高的科目开始突破。美国励志图书作家拿破仑·希尔说："按部就班地做下去是实现目标的唯一的聪明做法；想要实现任何目标都必须按部就班地做下去才行。"

关于学习方法和时间管理，你可以通过观察、请教他人、思考自己的特点等途径，形成适合自己的最优效组合。诸葛亮善借东风，我们也要懂得借助外力，学会问，只学不问，会降低效率。学问，是有学又有问！

第二种，真的没有进步吗？

其实对于不少觉得自己没有进步的同学，旁人看来是有进步的，只是被本人忽略了。比如A同学进步了十几名，但是觉得这个进步不够，自己努力那么久了，怎么也得进步几十名上百名；比如B同学，进步了二十多名，但抬头一看，透过自己的"有色眼镜"发现怎么别人都进步得比我多，而且他们还没有我努力，顿时觉得这场"马拉松"遥遥无期；比如C同学，后退了十几名，苦恼自己已经调整了学习方法、学习策略，可成绩还是退步了。细问是怎么调整的？他说这一段时间猛攻物理。问结果如何？答曰物理进步了三十多分。这难道不是跟调整学习策略相吻合的进步吗？

是没有进步，还是没有一步到位的抵达呢？不要急于否认自己的进步。

第三种，对进步过度期待

有些同学每天忙忙碌碌，晚自习累了想休息一下，一抬头看到同学都是在唰唰唰地做题，于是也跟着刷题，打乱了原有的计划。有些同学把学习计划排得满满的，但进行的时候总会想我能不能做完，我这样下去会不会有进步，其实真正在学习上专注的时间并不多。也许，我们只是看起来很努力，或者说形式上很努力。比如有个同学说自己有多努力地学习物理，花多少时间在学习物理上面，不进步还退步了，我和她

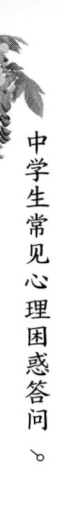

讨论完之后，她认识到，其实并没有花自己以为的那么多时间在学习物理上，自己的很多心力消耗在对进步的期待和对失败的恐惧上，真正心无旁骛学习的时间并不如自己以为的那么多。

也许，我们首先需要做的就是放下对进步的过度期待，关注学习本身。

如何度过学习的沉默期

文：王新红

从小到大，父母和老师告诉我们许多人生道理，其中有一条很朴素：努力就有回报。随着年龄的增长，我们面临的学习难度不断增加，各种挑战接踵而来，我们当中的不少人会生出困惑：说好的努力就有回报呢？我都这么努力了，怎么回报还不来见我？

我们学啊学，努力啊努力，却看不到回报，有点类似"投石填河"。往水里扔石头，因为水在流动，扔进去的石头可能会被冲走，或者沉在水底。在扔进河流的石头的量足够多之前，我们看见的一直是不断向前流动的河水，似乎没有任何变化。

这个只有投入不见变化的阶段，称为沉默期。学习也会有沉默期，在这个时期，所有的投入和努力都好像没有任何回馈。比较常见的有以下两种情况。

一、无助感和焦虑感增加

有一些人在进入沉默期后，会怀疑自己能力不行，对未来有更悲观的预估，夸大努力程度和未满足期待的结果之间失衡的状态，关注的焦点从努力的行动转移到了情绪上，消耗了大量的心理能量用于处理情绪问题，最终导致当初想要实现的目标成了水中月、镜中花。

二、"安全行为"增多

有一些人不会有明显的情绪变化，而是将行为焦点从与核心目标相关的努力行为，转移到一些与核心目标无关的行为上，比如玩手机、投入过量时间在社团中、建立新的情感关系，这些行为称为"安全行为"。之所以被称为"安全行为"，是因为它们的确在某种程度上可以帮助我们应对沉默期可能出现的情绪问题，让人不至于在沉默期被无回应的绝望感完全吞没，还能保持基本正常的功能和节奏。可是"安全行为"的另一面，是回避真实感受和现实处境，减少在核心目标上的实际投入，长期使用安全模式保护自己，最终会让我们离自己想要实现的目标越来越远。

上述两种方式交织在一起，相互影响，进入循环模式。

上述常见的应对学习沉默期的方式，可以从哪些方面对其进行调整，以帮助我们将关注点放在持续行动上呢？较为常见的应对学习沉默期的方式有三种：

第一种是建立"正常化"认知：任何人在任何领域的学习，只要想继续深入，都会有沉默期，即使是那些众所周知的天才也会有，这是学习的必然阶段。意识到这一点，处在沉默期的我们就不容易慌乱，不容易怀疑自己，不容易焦虑和悲观。

第二种是放弃对即时反馈的渴望。游戏之所以容易让人成瘾，和游戏设计的强即时反馈系统有很大关系，一点点努力，就可以得到快速、直接的反馈。如果我们在学习中期待像玩手机游戏时一样经常听到通关的欢呼声，或者是浏览社交网络时一样经常看见小红点，对即时反馈有很大的需要，产生懈怠就是必然的，因为学习过程的反馈相对缓慢、隐形，挑战越大的任务，效果反馈速度和周期越长。

第三种是"暴力破解"式行动。"暴力破解"是密码学中一种常见的解决问题的思路，就是穷尽所有可能性，用看似最笨的办法，不断尝试，破解密钥。暴力破解一个六位数的密码，有一百万种可能性，只要把所有可能性都试一次，就一定可以找到密码。"暴力破解"式行动让我们注意力都集中在要解决的真实问题，也就是我们的目标上，关注优化行动本身，一种方式不行，那就再试另外一种，总有一种是有效的。

在课堂上讲时间管理这个模块，当把四象限的图放出来时，听见下面很多同学说"学过了"；讲到手机使用这个问题，提到自控管理工具FOREST时，听到下面很多同学说"用过了"；在咨询室里也会遇到类似的情形，比如教授有些来访者用"正念冥想"的方式处理一些问题时，常常得到的回应都是"试过了"。

"学过了""用过了""试过了"，在当时的语境下，常常是话里有话，是在表达"虽然学过了、用过了、试过了，但是并没有用"的意思。然而，再仔细讨论下去，常常会发现，说这些话的同学们，都没有坚持练习和使用这些方法，没有度过使用这些方法的沉默期，便早早放弃了。不能持续行动，再好的方式都只是看起来好，而不会帮助我们解决想解决的真实问题。

在学习沉默期更"暴力"一点，你准备好了吗？

如何酣畅淋漓地学习

文：颜文庆

我爱学习，学习使我快乐。

这是真的吗？！

当然是真的。

有的人学习能达到一种高度专注、浑然忘我的境界，那时 TA 的内心仿佛被一股洪流带领着，忘却了周遭的世界，全然投入在学习之中，并感受到极大的满足和快乐，达到了物我两忘的境界。心理学家对此展开研究，结果发现这背后有着能让人保持专注、效率提升、幸福感翻倍的科学规律。只要你愿意，掌握了其中的原理，也可以进入这种境界。

心理学家米哈里·契克森米哈赖教授首次提出"心流"（flow）理论（也有学者译为"福流"），该研究成果影响全球数以万计的研究者和读者，因此他被誉为"世界积极心理学研究领军人物"。

米哈里教授通过对运动员、艺术家、国际象棋手等不同人群的大量调研发现，这些人处于心流状态时有着高度的一致性，那就是：全身心地沉迷于自己所喜欢的当下活动中，所有的能力被发挥到极致，并且能连贯流畅地持续下去，而这种体验可使个人生活质量达到最大化和最优化。神经化学方面的研究发现，心流是大脑中内啡肽、大麻素、多巴胺、去甲肾上腺素、血清素和催产素六种化学物质同时起作用的结果。这就是心流能够让人们感觉那么愉快的原因。学习的时候，这些化学物质产生越多，学习的内容就越容易被记住，大脑加工速度就越快。有实验发现，心流状态下的学习效率能提高 230%。不仅如此，心流状态是对内心秩序的一种整合，还能够缓解内心的混乱和冲突。人类大脑里的念头就像分子一样，时刻万马奔腾，它们"抢夺"着我们大脑的认知资源，比如注意力。心理学家提出"精神熵"的概念，我们的心理系统内部越有规律、结构越清晰，熵值就会越低，内心就会更稳定；反之，在一片混乱的情况下，大脑的做功能力会很低，就会将心理能量浪费在内耗上，还谈何复杂高效的脑力劳动呢！

那么如何才能进入心流状态，开始酣畅淋漓地学习呢？别急，请先把握好以下两个前提。

一、对于学习的积极态度

首先，我们得从底层认知上认可学习这个行为。不是由于学习的外在各种附加意义或奖励才认可学习，而是认同学习本身是一件有意义和有价值的事情，然后我们以此出发来不断强化自己的内部动机，避免出现恐惧和厌恶学习的态度。当我们内心拥有了想学习的强烈愿望时，才有动力触发学习的行为，进而调动个体的各类资源，做想做的事情，一切才会顺畅起来。

二、练习保持专注的能力

学习的时候减少外界干扰，保持注意力的集中。在准备开始学习之前，你需要了解哪些东西容易对自己造成干扰，并提前阻止它，例如将手机调至静音或者搁置很远等，让自己不要轻易被打扰。平时可以练习正念或冥想，像训练肌肉一样训练我们大脑集中注意力的能力。生活中努力降低精神熵，让专注成为一种习惯。

如果有记忆面包就好了——记忆的深层加工

文：王磊

在校园里，经常遇到一些同学手拿单词本边走边背。课间的时候，看到同学们翻开语文课本的某一页，口中一直在小声背诵。当然，同学们除了英语单词和语文课文这些文本需要记忆外，更有数学公式、物理公式和化学反应方程式等数理知识需要记忆。

对于高中生而言，背诵是日常学习的重要组成部分。但背诵时常让我们头疼，明明自己已经背了十来遍，为什么还是记不住，即使记住了，考试的时候却怎么也想不起来。

遗忘总是发生得猝不及防！

这个时候我们幻想，有《哆啦A梦》中的记忆面包就好了，只要将内容印在面包上，再吃下去，就能记住知识了。不过，剧中大雄因为吃了太多面包而吃坏肚子，导致记住的东西全忘了，这也告诉我们虚假的幻想终究会破灭。

那么，怎么可以让我们的记忆长久而深刻呢？

克瑞科（Craik）和洛克哈特（Lockhart）提出的记忆加工水平理论提供了一种思

路。输入的信息会在大脑中受到一系列分析，最初是浅层的感觉分析，而后进展到更深入、更复杂的抽象和语义层面的深层加工。在深层水平上受到精细加工的项目比仅进行浅层加工的项目更不容易被遗忘。

以大家记单词为例，最浅的层次是记字母的顺序以及发音，停留在字母线条和发音这些浅层次的物理特征和感觉特征上。在更深入的抽象和语义层面，我们可以增加以下几个维度记忆单词：

（1）词源记忆，部分单词不是由孤立和无意义的字母构成，而是由一定规律的基本单位构成，可以分为前缀、词根和后缀，它们在一定程度上反映了单词的起源。从单词起源的角度加深对单词意义和发音的理解，有助于我们把单词记得更牢固。

（2）词组记忆，很多英语单词可以和其他熟悉的单词一起构成词组，产生新的含义和使用规律，当我们记一个新的单词时，同时可以在一个词组中再记一遍，与已经很熟悉的词组中的单词产生联系，加深该单词在大脑中的印象。

（3）图像记忆，英语单词中存在很多名词，名词指向较为具体的意象。在记单词时，我们可以联想名词对应的图像以加深记忆。有同学将家里所有的物品对应的英文单词都记忆一遍，回到家中，看到家里的物品就回忆一遍学过的单词，这也是加深印象的一种方法。

（4）联想记忆，学习某单词时，联想它可以如何运用到日常英语对话和英文写作中，运用得越多，关于该单词的联想记忆就越多，就越难遗忘。

运用词源、词组、图像和联想等多维度对单词进行精细加工，该单词在大脑中留下的痕迹越多，加工得就越深入，就越不容易被遗忘。

大家在学习的过程中，除了单词之外，还有更多的东西需要记忆。把握一个原则：死记硬背容易遗忘，多重记忆印象深刻。

所以，请用尽可能多的方式去记忆吧！

高中学习状态调整攻略

文：深中朋辈学生组织

假如生活是一条河流，
愿你是一叶执着向前的小舟；

假如生活是一叶小舟，

愿你是个风雨无阻的船夫。

各位学弟学妹们，眼看九月份的开学季马上就要到了，你们的心中是否充满着对深中的向往和期待呢？面对即将来临的高中生活，相信各位"小高一"们或多或少会有些迷茫。别急，朋辈的学长学姐们特别准备了这次圆桌活动，整理出一份"高中学习状态调整攻略"，希望这次圆桌活动能帮助你们调整好接下来的学习状态和心态！

一、高中的学习生活与初中的学习生活有什么不同

A：学习的难度不一样。比如物理，初中的物理是一步一个脚印，高中的物理是爬楼梯，还是很陡的那种，一不小心可能会摔下去。所以一定要好好调整学习方法，按部就班，也不用太着急，不然可能会衍生出很多负面情绪。老师对自己的帮助也变得不同了，初中的老师可能是领导者，而高中的老师是注视者，教基本的东西，给予空间让你们自由发展。心理老师随时可以提供调节情绪的建议，学长学姐们也会尽力提供帮助。

B：确实有很大不同，我感觉高中的知识难度直线提升，有很多知识都需要自己主动去获取，因为高中老师不像初中老师那样把知识要点讲得那么细。在我的周围都是佼佼者，平时老师布置的作业很多，学业压力也在不断增大，心态上出现了较大波动。而且，深中对学生的管理较为自由，我们可以携带手机，还有繁多的社团活动等着我们，总的来说，这需要自己有很强的自制力，要在学习和娱乐之间做出适当的取舍。

二、在高一的时候是否做出学习状态调整

A：当初并没有调整过来，所以现在非常后悔。一定要调整好作息！上课千万千万不要睡觉，不要因为看上去简单就放松"警惕"，脚踏实地才是真理。明确目标很重要！目标也不妨定高点，并为之努力。如果达到了，就是一次巨大的进步，即便没达到也是前进了一步，不要留下遗憾。如果你因为周围人太优秀而产生焦虑，就不要跟别人比，跟自己比，没人可以否定你的努力，自己也别着急否认呀。

B：先熟悉校园生活，与新同学处好关系。然后对自己的各科情况进行预估，有学习困难的科目早日安排预习。高中的学习压力会增大，但高一的知识不会比初三难很多，不要给自己太大压力。

三、对学弟学妹关于学习状态调整的建议

A：高中是人生中最美好的时期，深中的生活无论怎么过都会有遗憾。建议如下：

（1）适应高中作息。

（2）养成良好的学习习惯（准备笔记本和错题本等）。

（3）不要对自己抱太大希望，眼高手也不能低。

（4）多运动，不要熬夜，身体是革命的本钱。

B：如何在上课时集中注意力呢？跟着老师的思路走可能是个好办法。老师讲的内容简单，可以顺着老师的思路想结果，在纸上写写过程；老师讲的内容比较难，大脑就要飞速运转，"竭尽毕生所学"地跟上老师的思路，或者请老师再讲一遍。千万别睡过去啦！掐掐腿，喝口水。当然也可以定个目标：今天集中注意力90分钟，做到了，奖励自己吃颗糖。但是集中注意力还是要靠自己哦！

C：高中知识真的需要认真对待，尤其是刚开学的那段时间，相对初中而言，高中是个全新的开始，一定要把心态放平。总之，作业得按时完成，手机最好设屏幕使用时间，作息需要规律，不要总是熬到凌晨才睡觉，这样对心理和身体都不太好。除此之外，自我管理能力一定要加强，高中学习基本靠自觉。高中的生活是丰富多彩的，希望"小高一"们能在新学期收获一个好的开头！

好了，看了上面学长学姐的分享和建议后，你是否感到拨云见日呢？当然，每个人都有自己的学习方法，在此只是给大家提供参考。

最后，我们根据上述的圆桌对话，整理出一份简略的"调整攻略"：

（1）高中知识难度增加，佼佼者增多，需放平心态，多听取学长学姐及老师的学习建议。

（2）以认真的态度学习，及时找出并加强自己的薄弱项。

（3）养成良好作息和学习习惯，课堂上集中注意力、努力跟紧老师思路。

（4）加强自我管理能力。

学弟学妹们刚从初中毕业，相信你们知道三年光阴何其短暂而又宝贵，高中的时光也是如此，这三年间会有疼痛、会有压力，更会有约束、有义务、有责任。朋辈的大门随时为你们敞开，假如你们遇到任何困难，我们会随时随地帮助和支持你们！

愿你们带着自信的笑容踏入高中的校园，在高中的舞台上绽放出属于自己的光芒，养成诚实、谦逊、纯朴、大方、友善的优良品质，与勤奋为伍，调整好学习状态和心态，不让这段宝贵的岁月留下遗憾。

我的考前"迷信行为"

文：王磊

近日来，在某学校的孔子像附近，出现了很多食物和饮料。

听说是考试前，学生在拜孔子，将心爱的食物和饮料放到孔子像前，祈求期末可以获得好成绩。

这有用吗？这是迷信吗？

提起迷信，很多同学可能会想到那些封建陋习，祭拜鬼神，算命。那迷信究竟是什么？字典中的解释是：相信神灵鬼怪等超自然的东西的存在；泛指盲目地信仰崇拜。

如果我问，你迷信吗？很多同学都会给出否定的回答。

如果我又问，你考试前或者考试出结果前，是否有以下行为：

"拜拜考神；

转发一下锦鲤；

拜一下学校里的孔子像；

重大考试前，我一定要穿这件衣服；

我一定要用这支笔，用它考试取得的成绩会比较好"。

可能很多同学都有以上的某些行为。它也许只是日常中，你觉得很平常的事情，但一定程度上满足了我们的心理需求。具体体现在以下几个方面。

一、增强我们的控制感

在生活中，我们对于很多事情都是无法控制的。比如因为无法控制考试的成绩，所以拜孔子、拜考神、转发锦鲤，用这种轻快无害又不太占用时间的方式，来增强自己的信心，找回一点控制感。

二、保护自己的自尊

努力是必需的，同时我们也意识到努力不一定马上就会得到好结果。当不好的结果出现时，如果将原因归为努力不够、能力不足，这可能有伤自尊。如果我们找到了

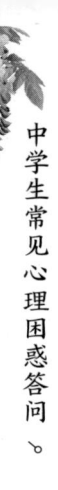

一个"背锅侠",让它为不好的结果"埋单","我没考好,都是因为拜的孔子、转发的锦鲤没有起作用,而不是我努力不够、能力不足"。这些理由看似没有道理,但是在一定程度上保护了我们的自尊。

三、满足群体的归属感

当一个群体共同做一件事情时,可以形成一个内群体。期末同学们拜孔子,转发锦鲤到朋友圈,可以借此互相倾诉考试压力,在一定程度上会形成一个内群体,并产生群体内考试焦虑的共情,让大家有了群体的归属感。

总的来说,生活中"迷信行为"处处存在。虽然它与事情的结果没有什么直接的关系,却能在一定程度上影响心态,心态又会影响事情的结果。偶尔适当"迷信",可以帮助我们稳住心态,有益发挥。但如果我们将所有希望都寄托于"迷信行为",就会忘记自己取得好成绩的根本原因,如自己的努力、能力和方法等。所以,同学们要记住,"迷信行为"只能作为学习生活的佐料,请适当添加,不能沉迷。

无专精则不能成

文:深中朋辈学生组织

经常走神的你肯定有这样的经历:

这个单词是什么意思?

来,有道走起。

啊啊,QQ上的红点是什么?

于是——

回完消息再说;

刷完空间再说;

发条说说吧;

先拍套美美的九宫格;

…………

话说公式是啥来着;

百度一下……

"国外一小哥发现新烹饪方式",我来看看吧!

…………

想追上专注的脚步,有时候却总觉得自己差了十万八千里。本次圆桌活动,我们把目光聚焦在此,进行研究和探讨。

一、你觉得自己专注力怎么样

A:我的专注力主要看状态,对待不同事物的时候我会有不同的状态,这也就间接地反映出我的专注程度。

B:还可以,分情况。一般是在校高回家低。

C:如果真的想做一件事,我是可以非常专注的,通常情况下的不专注都是觉得做的事情没有那么重要。

二、你觉得自己不专注的原因大多是什么

A:一个是手机的诱惑,再有就是外部环境(在家的时候,外面比较吵)。

B:因为平时接触的信息太多,需要专注的时候总是会有很多与此事无关的东西在脑海里一个一个蹦出来,我就没法再静下心去做这件事了。

C:跟自己的性格有关,不过这没什么参考价值。比如觉得当下做的事情(一般指学校的作业)一点都不重要,不如做点别的,却总是被别的东西"约束"回去,在这种自我拉扯中造成不专注的结果。

D:心态问题,有时候就是不想去做这件事,但是如果兴趣一上来,就可以专注去做。

从采访得到的回答来看,大部分人不专注的原因有以下三点:

(1)需要专注的事情不是自己此时想做的,这个主要是个人兴趣的问题。

(2)外界因素的干扰,类似于手机或者噪声。

(3)这件事或许就是我想做的,但是思维发散,控制不住自己好好去做。

我们在这里要提到一个"食物感知"实验。研究人员要求受试者(大学生)在实验开始前至少3个小时内不能进食。随后研究人员将受试者带进一间食物香气扑鼻的房间(如巧克力饼干刚刚烘焙出炉)。房间中央的桌子上摆着两只大碗,一只碗放着热腾腾的巧克力饼干,另一只碗盛着小萝卜。其中,一半的受试者分到巧克力饼干,但没有小萝卜;另一半受试者必须吃两三根小萝卜,但没有巧克力饼干。所有受试者吃下了自己该吃的食物后,另外一批研究人员走进房间,开始第二项实验。研究人员声称,实验目的是想弄清楚擅长解决难题的到底是大学生还是高中生。这套说辞是为

了让这些大学生认真对待实验，全力以赴。

受试者拿到一组智力谜题，要求一笔画出复杂的几何图形，笔尖不能离开纸面，线条也不能重复。事实上，这些谜题根本无解。研究人员只是想观察，受试者在放弃求解之前，能够跟令人灰心的难题纠缠多长时间。

开怀大吃巧克力饼干组，在解题的环节平均花了19分钟，认真努力地尝试了34种方法。相比之下，吃小萝卜的受试者显得缺乏耐性。画了8分钟就不干了，连吃巧克力饼干组成员的一半时间都不到，而且只试过19种方法。

为什么这组学生这么快就放弃了呢？因为他们用光了自我控制力。

心理学家从类似的实验中发现，自我控制力是可耗尽的有限资源。就像在健身房练习举重一样，举第一下觉得很轻松，因为肌肉充满能量。但是每多举一下，肌肉就多一分疲劳，最后就完全举不动了。吃小萝卜组的受试者在抵制巧克力饼干的诱惑时，已经耗用了自我控制力。他们最终会抱怨：题目太刁钻，不好玩，我们解不出来。在坚持了8分钟后，再也没有力气继续了。而在另一边，吃巧克力饼干组的受试者的精神饱满，活力充沛，能够驾驭自己的专注力长达19分钟之久。

从这里可以看出，从某种程度上讲，专注力的缺失和自我控制力的耗尽可能有一定的关系。当然，除去这种情况，提高专注力关键还是自我努力。

三、提高专注力可以采用的方法

A：我有设过番茄钟，下载了Timing，这类设计挺合理的，但是否适合还是因人而异吧，如果你不能一心二用，就需要摒除干扰，如果你听歌不会对做事有影响，那就听。个人比较建议冥想或者睡一觉（二十分钟就好）。

B：有接触过线上自习室，如B站上的学习直播之类的，个人也会做些专注力训练，这个可以在网上找，生涯老师也有给我们放过类似的视频。

C：对我而言，远离舒适区（例如家里、宿舍），远离娱乐产品（手机、小说之类）就够了。还有一个方法，就是去图书馆、自习室、咖啡馆之类的，去那些大家都在学习工作的地方，效果很好。

通过采访者的回答，我们为各位准备了以下三个方法，别走神，认真看哦！

1. 学会与时间交朋友

（1）创造大块时间。大脑执行一件任务时需要热身才能进入状态，进入状态后脑部的相关区域被激活，新知识流入，与原有知识发生融合碰撞，产生新的认知。但是如果在这时突然出现了什么很吸引你的东西，那么，本来正在流畅运转的大脑被干扰，一切程序终止。要再启动又得重新准备热身，缓慢进入专注状态。因此，确保有足够长的时间来做一件事是专注的基础。

（2）利用碎片时间。利用碎片时间可以培养抗干扰思考能力，能够加倍提高学习效率。利用排队、等车、走路、洗澡、打扫、洗衣服的时间，从自己的问题库里拎出一个未解决的问题进行思考，或者对自己思考过的问题进行多方面的反思。

2. 看见你的焦虑

焦虑是身体情绪从内心产生的一种正常反应，是埋藏在潜意识中的不安：它提醒你有未被解决的问题，你逃避了它，但它躲进了潜意识，它让你无法安心做事，深藏在潜意识中的害怕会时不时地蹦出来破坏你的专注力。焦虑会产生新的焦虑，形成恶性循环。

要对抗它，唯有坦然面对，因为当我们开始焦虑的时候，往往为时已晚。

3. 善于利用已有的经验

番茄工作法是简单易行的时间管理方法。使用番茄工作法，选择一个待完成的任务，将番茄时间设为 25 分钟，专注工作，中途不允许做任何与该任务无关的事，直到番茄时钟响起，然后短暂休息一下（5 分钟就行），再开始下一项工作。每过四个番茄时间就多休息一会儿。

利用番茄工作法可以极大地提高工作效率，还会有意想不到的成就感。

（1）原则。

1）一个番茄时间（25 分钟）不可分割，不存在半个或一个半番茄时间。

2）一个番茄时间内如果做与任务无关的事情，则该番茄时间作废。

3）永远不要在非工作时间内使用番茄工作法。（例如：用五个番茄时间刷一部剧等。）

4）不要拿自己的番茄工作数据与他人的番茄工作数据比较。

5）必须有一份适合自己的作息时间表。

（2）流程。

1）每天开始的时候规划当天要完成的几项任务，将任务逐项写在列表里（或记在手机软件的清单里）。

2）设定你的番茄钟（定时器、软件、闹钟等），时间是 25 分钟。

3）开始完成第一项任务，直到番茄钟响铃或收到提醒（25 分钟到）。

4）停止工作，并在列表里该项任务后画个"×"。

5）休息3～5分钟，活动、喝水等。

6）开启下一个番茄时间，继续该任务。一直循环下去，直到完成该任务，并在列表里将该任务画掉。

7）每四个番茄时间后，休息25分钟。

需要注意的是，在某个番茄时间里，如果突然想起要做什么事情，非得马上做不可的话，停止这个番茄时间并宣告它作废（哪怕还剩5分钟就结束了），去完成这件事情，之后再重新开启同一个番茄时间；如果不是必须马上去做的话，在列表里该项任务后面标记一个逗号（表示打扰），并将这件事记在另一个列表里（比如"计划外事件列表"），然后接着完成这个番茄时间。

另外，有关学习上的专注力提高方法，我们或许可以试试从学习本身入手，比如费曼学习法。

费曼学习法的灵感源于诺贝尔物理奖获得者理查德·费曼。运用费曼学习技巧，你只需花上20分钟就能深入理解知识点，而且记忆深刻，难以遗忘。知识有两种类型，第一类知识注重了解某个事物的名称，第二类知识注重了解某件事物。理查德·费曼能够理解二者间的差别，这也是他成功最重要的原因之一。事实上，他创造了一种学习方法，确保他比别人对事物了解得更透彻。

费曼学习法可以简化为四个单词：

概念（concept）　　　　教给别人（teach）

评价（review）　　　　简化（simplify）

具体来说，费曼学习法分为四个步骤：

第一步：确定学习目标。你想学习的概念、内容、主题是什么。

第二步：模拟教学学习法。你要模拟自己是一位老师，面对完全不懂这个领域的人，用自己的话，尽可能具体形象地讲述。这样的讲述有助于你活学活用，触类旁通，联系生活具体情境。

第三步：回顾。反思第二步遇到的问题，哪些地方卡壳了，哪些地方对方没有真正听懂。找出问题的要害，把握关键环节。

第四步：简化。将这些遇到问题的地方重新梳理并理解，尽可能了解更多背景和相关知识，再用尽可能简化的方式重新表达，设法看穿本质。然后，返回第二步。

其实，我们每天都或多或少地需要向别人讲述自己的想法和观点，并希望达成他人能够听懂、理解的意图。费曼学习法最巧妙的地方就在于它深度解构了这种过程，并且把它当成一种学习方法。

精力管理，提高效能

文：林丹霞

"上课的时候，老师讲的知识点都很重要，可自己就是集中不了注意力听讲。"

"作业已经堆成山，自己还是提不起劲来写。"

"明明晚上已经睡得很早，第二天依然觉得很困。"

"马上就要单元小测了，感觉知识点还没掌握，有点小焦虑。"

大家是否曾有过以上情景？一天固定24小时，有的同学精力充沛，干劲满满，学业、社团两不误，而自己却无精打采，做什么事都没效率，甚至被负面情绪围绕。

心理学家吉姆·洛尔认为高效表现的基础是"精力"而非时间。要想保持生命的跃动，必须学习如何有节奏地消耗和更新精力。

精力包括体能、情感、思维、意志四个方面。

一、体能

体能是精力来源的基础，会受到日常的呼吸模式、饮食习惯、睡眠周期等因素的影响。当你感觉身体被"掏空"时，不妨试试以下方法，恢复体能：

（1）练习腹式呼吸。把腹部想象成皮球，用鼻吸气使腹部隆起，略停一两秒后，经嘴呼气至腹部下陷，每分钟五六次即可。有节奏的呼吸能够让我们放松。

（2）注重饮食。早餐吃好，平常多喝水。另外，在满足营养的前提下，尽可能地选择升糖指数低的食物，缓慢释放的糖分能够提供更稳定的精力。

（3）形成固定的睡眠周期，每天尽可能保持7～8小时的充足睡眠，中午保持20～30分钟的小憩。

（4）保持运动。比如爬楼梯、短跑、骑自行车、练瑜伽等。

二、情感

长期的担心、焦虑、迷茫等负面情绪会损害我们的精力。应像锻炼身体一样，尝试锻炼我们的"情感肌肉"。

为自己列一张开心愉悦的活动清单。先问问自己，哪些活动会让你感觉到平静、满足、放松,比如听音乐、做手工、读书、练字、和朋友聊天等,每周抽出一定的时间去完成。把这些活动当作自我滋养,我们只有获取足够的养分滋润,才能以更好的状态应对接下来的挑战。值得注意的是,心理学家哈里·契克森米哈赖等发现,长时间观看电视会导致焦虑增加和轻度抑郁,玩手机亦是。虽然看电视、玩手机能够给我们带来一时的放松,但这只是浅层快乐而已。

三、思维

思维的关键点在于:一是专注;二是乐观。我们可以通过练习冥想,或者利用类似番茄钟的工具,训练自己的专注。另外,对于日常生活中的事件,努力构建自己的成长型思维模式。比如,在某次考试成绩不理想的时候,有些同学会觉得"我太菜了""题目好难啊",而有一些同学则会进行复盘,研究怎样调整方法才能提高成绩。

四、意志

意志是精神层面的精力,源于价值取向和超越个人利益的目标,如同《令人心动的 offer》节目中有一位选手曾表达过:"社稷安抚臣子心,长驱鬼魅不休战。我想增强自己的实力,充满情怀,然后用法律去影响更多的人,最好是像古人那样,高悬明镜,就像月亮一样,普照一方。"

偶尔花点时间,思考一下自己最珍视的价值观是什么,最欣赏的品质有哪些,对生活和学习的构想是怎样的,让自己对生活充满动力,觉得自己所做的事情有意义。

调动体能、情感、思维和意志,在消耗与恢复之间寻求平衡,并非一件容易的事情,不如从现在开始,多实践,开启活力满满的你!

第七章 如何面对挫折

失败博物馆的故事

文：王新红

世界上第一个失败博物馆于2017年在瑞典赫尔辛堡诞生，专门展示那些虽然有所创新却没有获得商业成功的产品。馆长萨缪尔·威斯特（Samuel West）博士搜集了70多件包括来自谷歌和苹果公司等企业的失败产品。在这家博物馆的官网上写着这样一句话：Learning is the only way to turn failure into success。

这句话听上去很鸡汤，不过这是一碗真鸡汤。

脑科学家谢伯让于1999年做了一个实验，他想了解"天才的起源"。结果他发现，天才都有一个共同的特征——热爱失败。在成功学流行许多年后，许多心理学家、神经科学家开始关注和研究失败，越来越多的人意识到，即使我们并不是那些因为热爱失败而成就伟业的天才，身为普通人的我们在生活中所经历的失败也远比成功要多。既然如此，我们就不必对失败闭口不谈，或者假装从来都没有失败过。美国有专门的《失败》杂志，还有大学开设名为"失败学"的必修课，这几年火热的"成长型思维"与对失败的研究密不可分。

著名的投资家巴菲特的好伙伴查理·芒格，在大部分人关心如何在股市投资成功时，他最关心的是为什么那些关心成功投资的人大部分都失败了。他持续不断地研究人的成长、企业发展、政府管制、学术研究等各个领域的失败案例，找到原因，列出正确决策的检查清单。查理·芒格把自己的这种对失败的研究，称为"逆向思维"。正是这种逆向思维创造了查理·芒格在投资生涯中几乎没有重大失误的辉煌历史。

2019年，深中生命教育周的主题是"生命的韧性"，深中书院变身成"失败博物馆"，展出了近30件和"失败"主题有关的展品。展品后面的那些故事，很生动地呈现出青少年成长过程中或者人生中的重要主题：责任和压力，坚持和放弃，爱慕而不得，努力却无获。在所有的展品中，让我印象最深刻的是一组雅思准考证。这是一个为了留学梦想屡战屡败、屡败屡战的故事。准考证的主人在五次失败之后，跨过了雅思考试这道实现留学梦的门槛。连续五次失败的体验，也被故事的主人用逆向思维重新建构，他给这件展品取名《锲而不舍》，面对每一次失败，他说："我只有坚强地告诉自己，再来一次！"

"再来一次"的价值巨大，不仅仅因为它预示了下一次梦想成真的可能，还因为这句话会塑造大脑。大脑的可塑性，已经是脑科学研究者的共识。正常大脑具有根据经验与学习而重组神经路径的能力，中枢神经系统会改变现有结构和功能的生理机制或过程以应对环境变化，这种重塑机制包括形成更多新的神经元、胶质细胞和突触，以及加强现有神经元之间的连接。一个人跳出舒适圈会让大脑神经产生新的连接，即使是面对失败这种非主动离开舒适圈的状态，只要他迎难而上，大脑里的神经元连接就会变得更紧密，大脑变得更聪明，更能应对未来更复杂的情境。"Learning is the only way to turn failure into success"，把失败变成成功的唯一方法，是从失败中学习。

2018年，瑞典的失败博物馆巡展到中国上海时，改名为"成功之母博物馆"。这个改动显然是为了适应中国文化的语境，不过这个改动基于的"失败是成功之母"这句话，值得每个青少年在遭受挫败和失望时，默念一百次，因为这是运用逆向思维的经典。

从"问题视角"转向"优势视角"

文：陈启荣

有一个有趣的实验，假如一张A4白纸上有一个豌豆粒大小的黑点，当我们拿着这张纸询问人们"你看到了什么？"时，绝大部分人会回答"一个黑点"，而回答"一张白纸"的人却寥寥无几。显然，这个差异取决于人们看待事物时所选择的视角。众所周知，每个人身上都兼有缺点与优点，如果实验中的黑点象征缺点，白纸象征优点，我们在看待自己、他人和周围事物的时候，你选择的是关注缺点与问题，还是关注资源与优势呢？

优势视角（strengths perspective）在20世纪80年代初期由美国的堪萨斯大学发展出来。优势视角关注的是优点、资源、潜能以及可能性。这与我们传统上关注问题与缺点的视角截然相反。美国著名社会工作学者丹尼斯·萨利比对优势视角提出几个观点，包括：个人、团体、家庭和社区都有优势；所有的环境中都充满资源；人们经历的困难和挫折中，其实也充满着挑战与机遇等。基于优势视角的理解，无论是生理的、心理的还是社会性的，任何存在于个人内在和他所处的环境中的，一切能够帮助一个人克服困难的积极因素都可以称为优势。因此，优势视角将对优势的理解拓宽为个人优势和环境优势，让人们在面对逆境和困难时能够从内在和外在两个方面探寻资源，从而更好地帮助自己克服困难。然而有的学者认为优势视角是忽视与回避问题。这里需要澄清，优势视角并非忽视问题，而只是关注的侧重点并非缺点与问题本身，关注的是更为重要和丰富的优点与资源，目的是通过更好地认识和利用这些优势从而实现每个人所设定的目标，减少由于聚焦问题而带来的阻碍。

有的同学总是善于发现自己存在的不良习惯，例如因日常玩手机游戏而消耗大量时间，写作业的时候常常分心而效率低，参加某学科考试常常会粗心失分等。针对这些不良习惯也做了不少的努力，但效果甚微，一直被此困扰。相反，同学们是否也能发现自己擅长通过使用手机上网搜索素材资源，自己能够连续几个小时专注完成社团的活动方案，自己擅长的学科总能获得优良的考试成绩等，其中包括了你的优势，你的成功经验，还有你可以加以利用的资源。假如能够把你的这些优势充分发挥，使用手机上网搜索素材资源的时间越多，玩游戏的时间便会越少；写作业的时候也能有投入社团工作一样的专注，高效完成作业之后让自己拥有了更多参加社团工作的时间；在擅长的学科的考试中你极少失手，这样的学习方法与经验可以在学习其他学科时加以借鉴。

当我们采用优势视角来看待自己的时候，就会发现自己其实在问题之外，有着更多成功与积极的经验，有着更多的自信和自我肯定；当我们采用优势视角来看待他人的时候，就会发现人与人之间存在更多的平等合作与彼此尊重，值得互相欣赏。事实上，综观自己以及他人，每个人身上的优势总是比问题多，正如一张白纸上只存在一个黑点。你会因为纠结这个黑点，而放弃使用这一整张白纸，还是会愿意好好利用这张白纸，尽管纸上带着一个黑点？这取决于你所选择的面对生活与学习的不同态度与视角。

少年期的境遇

文：白小琴

资料一：莉莉进入高中后，参加了几个社团，每个社团都有非常吸引莉莉的地方。在社团里，莉莉学会了如何运用团队力量解决问题和与其他成员沟通，也学会了设计海报……但是渐渐地，莉莉发现自己学习的时间明显减少，临近期中考试，莉莉因要不要退掉一些社团，以及如何合理安排时间而烦恼。

资料二：丁东初中阶段的成绩稳定排在年级前三，进入高中后，丁东将每天的学习都安排得满满的，几乎是连轴转，但是成绩依然处于班级中游，对此，丁东感到困惑，他不明白，为什么每天连睡觉时间都恨不得用来学习的他，成绩依然比不上不如他努力的同学？

资料三：凡凡一直想要交到一两个知己好友，奈何高一时光已经过半，依然没有遇到比较投缘的同学，每每看着身边三两结伴而行的同学，凡凡都在怀疑自己的择友标准是不是太高，要不要为了交朋友而去迎合别人，为此凡凡困惑不已。

以上三则资料是我在这几年的学生会谈中聊得比较多的一些主题。资料一是关于选择权衡、个体需求及时间管理相关的思考；资料二是学业成绩与个体价值之间的关系与定位，也是环境适应与自我期待的心态调整；资料三是对同伴关系的渴望，对人际关系中坚持与妥协的探索。

为什么在人人都羡慕的少年时期，迷惘和困境似乎是青少年必然要面对的主旋律呢？美国发展心理学家埃里克森把人的一生分为八个阶段，其中青少年期（12～18岁）也即青春期，青少年在青春期面临着新的社会要求——"为成年做准备"，在这些期待下暗藏着波涛汹涌的心理成长冲击和现实环境中的压力与冲突。在这个阶段，青少年的迷惘和活力是并存的，埃里克森认为青春期的主要任务是建立一个新的同一感，即把混乱的认知和感受调整为一个完整的状态。"这种统一性的感觉也是一种不断增强的自信心，一种在过去的经历中形成的内在持续性和同一感（一个人心理上的自我）。如果这种自我感觉与一个人在他人心目中的感觉相称，很明显，这将为一个人的生涯增添绚丽的色彩。"

在面临新的社会期待与要求中，青少年需要学习探索与平衡种种关系：我与你的

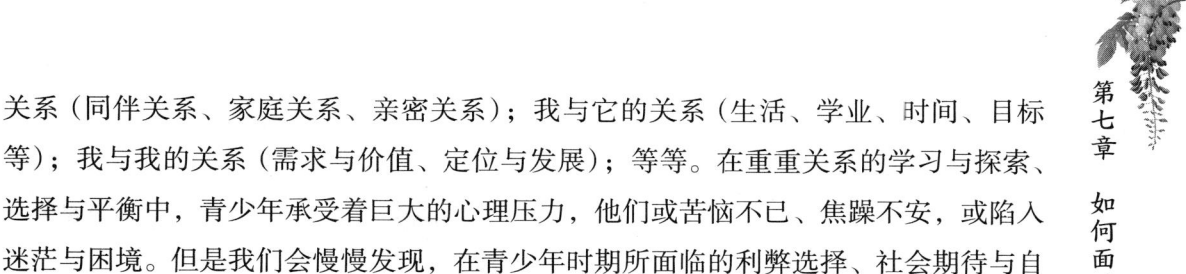

关系（同伴关系、家庭关系、亲密关系）；我与它的关系（生活、学业、时间、目标等）；我与我的关系（需求与价值、定位与发展）；等等。在重重关系的学习与探索、选择与平衡中，青少年承受着巨大的心理压力，他们或苦恼不已、焦躁不安，或陷入迷茫与困境。但是我们会慢慢发现，在青少年时期所面临的利弊选择、社会期待与自我价值的冲突、个人原则的妥协与坚持等问题，都是我们人生时常要经历的。相对成年后的果断与抉择，在青少年时期，我们还处于学习解决问题的阶段，因而也需要耗费更多的时间和精力去应对这些问题。

每个人都会在他的时间轴上遇到和我们差不多的境遇，只是形式不一而已，因此，再次遇到让我们苦恼不已的问题的时候，我们给自己一点时间、一点耐心，相信青少年时期的境遇都是岁月给我们的锤炼。我们是朝气蓬勃、意气风发的少年，可以在激流中勇进，在沮丧中寻找到光的方向。

你比想象中更强大——认知适应理论

文：娄俊颖

"快要期中考试了""期中考试结束了"——从小学到中学对我们来说最熟悉的一件事，可能会成为很多同学进入深中后经历的第一次挫折事件，也是从这一时间节点开始，真实的深中生活才真正开始。临近考试时的焦虑，会让一些同学因为晚自习的一次"颓机"而懊恼不已，会因为什么作业都不想写而烦躁不安，这是以前从未有过的自己。考试后，成绩上的落差、未实现的目标，会让一些同学开始产生自我怀疑。当我们遭遇生活中的挫折时，该如何重新建立起新的生活？

加利福尼亚大学的泰勒博士于1983年提出了认知适应理论，泰勒对于人们如何应对生活中的挫折事件带来的挑战和威胁，提出了自己的观点：

遭遇生活中的威胁	→	对事件情境的认知适应	探究事件的原因、影响及意义
			获得对自身行动能力、事件和环境的控制
			通过向下比较来进行自我增强

具体来讲，包括以下内容：

（1）通过对事件原因、事件影响及意义的探究，以归因的方式，人可以更好地了解、预测和控制自己所处的环境。通过归因、对事件意义的探究，个体会重新构建对生活的认知，拥有新的生活态度和价值观念等。比如，通过对考试结果的分析，我们可以重新梳理学习和生活的安排，更有针对性地对接下来的生活做好规划。

（2）生活遭遇"突然袭击"，人们可能会觉得对当前处境乃至整个生命都失去了控制，由此产生挫败感，甚至是崩溃感。这时，个体需要重建对生活局面的控制感，重新调适新生活。以本次考试失利而言，相信自己可以通过采取积极有效的措施获得控制感。获得控制感主要包括两个方面：首先，相信可以控制；其次，采取积极行动。比如会有一些同学在长时间刷朋友圈之后产生空虚感，觉得大量的碎片化信息吞噬了自己深入思考的能力，但是又无法摆脱。信息化时代，手机阅读确实提供了大量的碎片化信息，但是碎片化信息有利的地方在于我们可以在最短的时间涉猎更多的知识点，而当你对某个知识点产生兴趣后，针对这个知识点展开进一步深入扩展学习的权利则是掌握在你自己的手里。所以当我们对某一社会现象以批判性思维的方式来思考时，熟悉的控制感就会回来。

（3）当个体外在遭遇挫折时，内在的自我价值感也会受到影响。所以，个体在应对外部事件的同时，也要应对内在的自我困扰。而个体所采取的方式就是自我增强，即寻求社会生活中的积极反馈和评价。具体来说，个体会通过寻求向下比较的方式，即与比自己处境还要差的人或者是与自己预料的更差的结果相比较来获得自尊，感受到"还有不如我的"或者"比预料的要好"。另外，当发现比自己处境还要差的人都克服了挫折，自己就会受到激励。虽然这种方式看起来是依靠虚假幻想来完成的，但是它为缓解当下的崩溃情绪提供了新的思路，有时候积极地幻想、做白日梦等方式，对于重塑生活同样有意义。

当遇到生活中的挫折时，以上内容也许可以给我们提供解决问题的新思路。如果你觉得这次考试对你来说算是一个重大挫折，那么现在可以思考一下如何利用以上三种方式进行认知调试，对本次考试的结果做一次全面的内外归因。去采访一下学长学姐，看看他们当年是如何进行心理调适，怎么克服挫折的。给自己更多的积极暗示，把每一次挫折都作为为自己赋能的机会。

成长的必经之路

文：高瑞情

最近在咨询中，我遇到几位同学倾诉自己的烦恼，其中有人纠结于如何做选择，比如选择艺考还是高考、专注竞赛还是放弃等；有人烦恼于自己太在意排名以及别人的看法，比如老师的态度与周围同学的想法等，感觉自己的一言一行都在受到别人的注视；有人苦恼于自己的变化，认为自己不像以前那么开朗、喜欢社交了，变得内向和自闭，并为这种变化而心塞。

遇到这些情况，我刚开始听到时也感到无力，听起来每个人都遇到了烦恼或问题，对自我有一些困惑；转念一想，我会感到一些开心，有这些烦恼困扰，表示同学们正在对自己进行思考与探索，不是吗？

其实我也经历过这样的状态，有过很多困惑、迷茫的时刻。大学第一年时我曾修读过一门课，叫作"自我认知与成长"，它没有直接传授很多知识，却是我印象最深刻的一门课程。在这门课程中，老师带领我们对"我是谁""我眼中的我""他人眼中的我""我的生命线""我的自传"等命题进行思考，我开始探索自己究竟是怎样的人，对于"我"有了不一样的认知，开启了新的世界。

这个体验使我觉得认识自己、获得成长是一件奇妙和快乐的事。但作为过来人，我也知道在人生发展的这个阶段，要清楚地认识自己，整理出关于"我是谁"的答案不是那么容易的事。在这里，我有两点经验想分享：第一，请保持耐心。这是一种体验式的进程，探索自我的过程是有进有退、迂回曲折的，偶尔出现纠结、烦恼也是一种必然情况，不要太过着急和担心。第二，对自己真实。我们的关注点可以慢慢从外部转移到内部，也就是从关注周围人对自己的看法和意见，转变为形成相对稳定的自我评价和自我认可，既不要盲目地顺从他人，也不要只关注自己的想法而全然忽视外界，我们需要学会接受不同、容纳矛盾，真实地感受自己的想法。

进入青春期后，大家会面临很多新的挑战和机遇，不可避免地感到困惑和烦恼。事实上，在人生的重要转折面前，我们所产生的种种喜忧参半、患得患失的想法都是可以理解的。从人生发展的角度来看，这些担心和疑虑体现了我们在寻找自我同一性道路上所付出的努力。不必因此而感到过度焦虑，因为这是我们必经的人生发展阶段，也唯有经过这样的探索，才能建立好自我同一性，找到真实的自己。

在压力下成长

文：娄俊颖

著名心理治疗家维克多·弗兰克尔（弗兰克尔是一位从纳粹大屠杀中生还的心理学家）观察到，即便是在恐怖到无以复加的奥斯维辛集中营，"人的每一样东西都可能被剥夺，除了一样：人类所拥有的最后的自由——选择对待任何既定环境的态度，选择自己的方式"。

时间过得很快，马上"小高一"们就要迎来深中的第一次考试，随着考试的临近，A同学和其他同学一样感觉到压力大、紧张、焦虑。为了能在第一次考试中证明自己，小A经过冷静思考，决定在临考复习阶段做出调整和改变，一方面，她调整学习计划，更加合理地安排时间，不再熬夜，每天设定合理的学习任务并努力完成，让白天的学习更加有效率；另一方面，她适当地放松，通过听音乐、看电影、跑步等来调节心情，缓解焦虑、烦躁的情绪。调整后，小A感觉逐渐找到了自己的学习节奏，学习更有效率，内心也轻松了许多。

在考前复习阶段，面对压力，小A既运用了以问题为中心的解决方法（调整学习计划），也运用了以情绪为中心的解决方法（适当放松），从调整后的状态看，她的应对方式比较有效。

拉扎诺斯（R.S. Lazarus）（1922—2002）是应对领域研究的先锋，自1966年以来，他致力于"应对"的研究，并重视认知评估的作用，提出了应对过程理论。具体可以概括为：

应激源 ——→ 认知评价 ——→ 应对策略 ——→ 应对行为 ——→ 后效
（发生了什么）（初级、次级评价）（试验性后效假设）（应该怎么做）（适应与否）

该理论认为，当人们处于应激环境或是面对应激事件时，会产生心理紧张，为保持心理平衡，适应环境，人们会做出认知、行为的努力以改变事件情境或者调整个体的情绪，这些被称为应对（coping）。应对是人们在面对压力时一个有目的的反应，是一个多变的认知—行为动态的过程。

应对主要具有两种功能：一是用来处理问题，以问题为中心的应对，旨在解决造成个体和环境之间失衡的问题；二是用来减轻情绪痛苦，以情绪为中心的应对，旨在调节情绪。

应对可以分为两个过程，第一个过程是认知评估，第二个过程是应对行为。对情境做出认知评估后，根据自身的资源选择应对策略，即发生具体的应对行为。人们从感知到应激源到做出应对行为，要进行多次的认知评估和应对策略的选择，每一次认知评估及策略选择都要依据情境的变化而变化。

应对过程理论给我们的启示是，在面对生活、工作和学习中的各种麻烦时，我们需要积极地去应对，但是没有任何一种应对方式在任何情境下都是有效的，这就需要我们对事件进行认知评估，并不断进行适时调整。在应对过程中，同样的压力事件，不同的人会有不同的理解及看待角度，尝试以不同的视角去理解，挖掘更多的可能性认知，对于我们探索有效的应对方式具有重要的作用。人们从每一次应对中都会获得一定的经验，其应对的能力会得到相应的发展，从而实现在压力下成长。

永远逆水走

文：王新红

期中考试结束的当天晚上，我看见有学生在看电影，有学生在玩手机，有学生在看书，有学生在聊天，有学生在订正试卷，有学生在预习，有学生在自学微积分，有学生在打球，有学生在完成小课题的任务，有学生在准备学科比赛……

这一个看起来有些特别的晚自习，让我想起2004年诺贝尔化学奖得主阿龙·切哈诺沃，准确地说，是想起了他的母亲。阿龙·切哈诺沃在一次演讲中谈到他母亲教给他的、让他一辈子受用的一句话："走进一条河流，你可以顺着走，也可以逆着走，你要永远逆水走，挑难走的路走。"

阿龙·切哈诺沃的母亲，实际上是在帮助他的儿子做认知建构，这句话影响了阿龙·切哈诺沃进行的大大小小的人生选择，是他的选择背后的那根魔法棒。

心理学上有许多著名的三角形，比如贝克的认知三角。认知三角帮助人们意识到，当一个人说"考试不及格，我很难过"时，他并没有说出全部真相：第一，考试不及格，并不必然让一个人难过，常见的反应至少还包括抱怨或指责老师出题太难

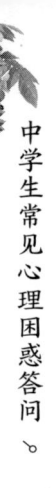

了；第二，让他很难过的，其实更隐秘的部分，是他对考试不及格的解释、想法、观念、态度等，简而言之，是他对"考试不及格"这个客观情境的主观想法。是这个想法而不是具体的情境，让这个人陷入了难过或者愤怒——他如果认为不及格是因为老师出题的原因，他就会选择"内涵"老师，他的情绪可能更多地指向不满、愤怒；他如果认为自己已经使出洪荒之力却还是没及格，那就更可能难过、失落、沮丧。

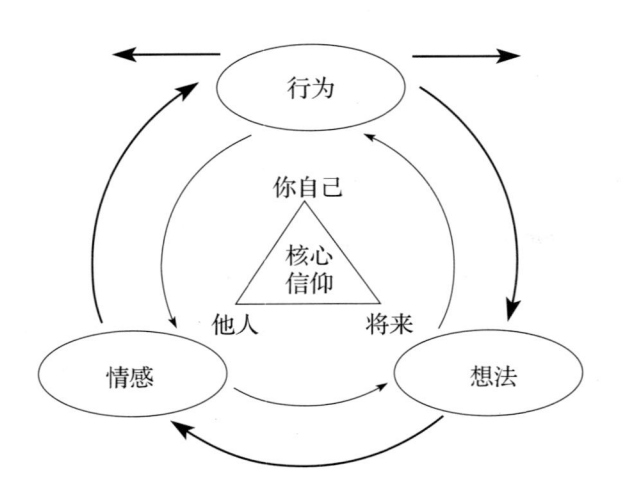

```
                    行为
                  ╱      ╲
                你自己
             ╱  ╱核心╲  ╲
          情感   ╲信仰╱   想法
                他人  将来
```

人和人的差异中就包括认知差异。考试不及格，有人愤怒，有人难过，也有人会乐观地想，这次运气差了一点，多考了一道我不会的题，回头我再努力多做一点练习，就能及格了。就好像期中考试结束后的那个晚自习，大家所处的具体情境是相同的——期中考试结束了，可是大家的行为差别很大。是什么让大家选择了不同的行为呢？是对期中考试以及期中考试结束的想法。在C栋三楼茶水间，我看见一个男生在认真做笔记，走近看，他在学习微积分。我问他："你的同学们多数在看电影，少数在聊天，你为啥在这学这个？谁要求你这么做的吗？"他说："其实，我上学期就开始学了，但是期末考试考得不好让我意识到，更基础和本分的事情我还没做好，所以就暂停了，去努力做好份内的事情。这次考下来，我觉得达到了自己的目标，所以就又继续学了。"我说："很多人都觉得今晚就是应该放松，你不觉得吗？"他说："我没觉得期中考试很特别，它只是本分的一部分，所以我也不会觉得今天晚上和之前的每一个晚自习应该有什么区别。"就是在他回答完我的问题的那一刻，我想起了阿龙·切哈诺沃母亲说的那句话——"永远逆水走"。

永远逆水走，其实就是直面困难，用行动而不是情绪应对困境。认知，看不见，摸不着，不过"永远逆水走"的阿龙·切哈诺沃，离我们其实挺近的，2018年3月，阿龙·切哈诺沃在香港中文大学（深圳）成立了切哈诺沃精准和再生医学研究院。

超越舒适区

文：陈启荣

开学已经一个月，同学们从最初怀着对新学期的期待与想象，逐渐体验到现实中所带来的种种变化。在这个过程中，有的同学经历了从原来熟悉的环境来到相对陌生的校园，有的同学由原来学习得心应手的学科知识逐渐接受了更高的挑战。这些变化，或多或少地都会让我们在学习、生活、人际等不同方面感觉到有些不适应。例如，在学习方面会感觉到吃力、跟不上进度、效率降低；在生活方面出现睡眠困难、食欲降低、容易疲倦；在人际方面会感觉到孤单、想念以前的同学、难以融入新的群体等。

这些不适应是如何产生的呢？在心理学上，有一个舒适区理论（comfort zone theory）可以帮助我们来理解。舒适区指的是一个人所熟悉的并且让其感觉到舒适自在的区域，既包括了外在的环境区域，也包括内在的心理区域。在这个区域里，人们会感觉到舒服、放松、稳定，有掌控感和安全感；同时不愿意被打扰，希望保持自己的节奏，一直采用自己的生活方式。然而，一旦离开这个区域，人们就会感到别扭、不舒服、不习惯，出现种种不适应的情况。在2009年，怀特·阿拉斯代尔（White Alasdair）进一步提出了相对于舒适区以外的发展区（optimal performance zone）和警戒区（danger zone）两个概念。发展区是在舒适区的外层，这个区域是人们未曾涉足的新领域，充满新颖的事物，在这里人们可以得到充分的锻炼、发展，人们感觉到被促进和挑战。警戒区，位于发展区的外层，离舒适区的距离更远。在这个区域中，人们则更多体会到负面的情绪，例如担忧、焦虑、恐惧，不堪重负。怀特的研究指出，人们长期在舒适区里，所获得的进步有限，发展缓慢。当人们处在发展区，虽然因为离开了原来的舒适区而承受着压力，但学习和工作的效率相比处于舒适区而言有所提高。当人们处于警戒区，在消极情绪的影响下，学习和工作的效率则明显下降。

舒适区理论带给我们以下启示：不适应，也许是因为我们离开了原来的舒适区。我们希望从不适应过渡到适应，但这并非意味着我们需要回到原来的舒适区。在生涯发展中，人们总在不断地迈出舒适区，在发展区中不断地前进。正如美国著名作家尼尔·唐纳德·沃尔什所说："走出舒适区，你的人生才真正开始。"来到高中，我们都离开了原来初中熟悉的环境和集体，现在也许会感到有些不适应，但我们并非要想方设法找寻过去的舒适状态。相反，我们的生涯正因此而在不断进步发展。

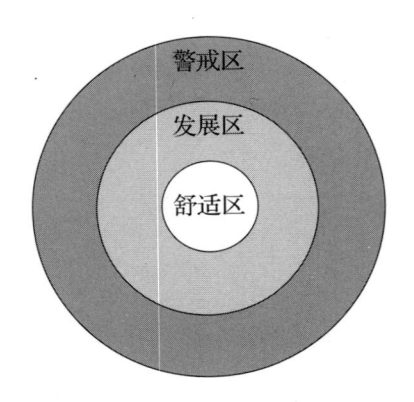

警戒区
发展区
舒适区

同学们可以想想，现在的你是在哪个区域中？是正在发展区中迎风前行，还是到了警戒区需要做些调整？又或者其实一直都处在自己的舒适区里？只有超越舒适区，人生才得以不断发展，才会距离成功越来越近。

舒适区　　成功

面对种种变化带来的不适应，通常人们会说，每个人都需要一个适应期，过一段时间慢慢就会适应了。然而，在这个适应的过程中，我们做些什么，可以在将来再次遇到需要适应的时候更好地应对，而不只是默默地等待。

在面对生活中的事件或人生中的困难的，人们常常会刨根问底，习惯性地不断探寻事件的原因。例如会反复思考为什么我会遇到这些事情？为什么这些事情会影响我？为什么我会感到不适应？为什么是我而不是别人？然而，面对这些生活中的种种情况，我们与其花费时间穷思竭虑地探寻可能无解的答案，不如换个思维方式，直接去想想此时此刻我能做些什么来帮助自己。在后现代心理治疗理论中，有一种被称为焦点解决（solution-focused）的方法。焦点解决的观点认为，我们不必去探寻困扰产生的原因，应去专注于解决问题的办法，而这些办法往往来自我们自己过去生活中的经验。我们每个人都是解决自己所遇到的问题的专家，当我们面对新环境所带来的不适应时，我们可以变得更加主动，努力寻找能帮助自己的有效方法。

第八章　学点心理学

聚焦当下，提升自我控制感

文：张悦昕

大家来到深中将近一个月了，不知道同学们对全新的高中生活适应得如何。当我们来到一个新环境中时，常常会听到周围人说："接下来一段时间会是一个相对混乱的时期，大家要做好适应的准备哦！"不知道大家有没有想过这样一个问题：来到新环境中的我们为何需要适应呢？是什么触发了我们适应的需求呢？也许对于很多人来讲，是一种有压力的感觉触发了适应的需求。

提到压力，我们可以先来了解一下生活中什么样的事件容易引发我们有压力的感觉。人类压力研究中心的索尼娅·卢比安（Sonia Lupien）总结了那些给生活带来压力的事件的特征，并巧妙地将其缩写为——NUTS（坚果）。

- 新奇（novelty）：你之前从没经历过的事。
- 不可预知（unpredictability）：你预想不到却发生了的事。
- 对自我的威胁（threat to the ego）：你的安全感或能力遭到质疑时。
- 控制感（sense of control）：你感到几乎不能驾驭局面时。

同学们可以回想一下，最近遇到的那些让你感到有压力的事件是否符合上述特征呢？以上哪一类事件会让你感到压力最大？而对于这些压力事件，我们如何应对才能使之成为促进自身成长的重要资源呢？接下来，我先给大家介绍一个有趣的心理学实验。

心理学家为了研究老鼠对压力的感受，将老鼠放进一个通电的笼子中，老鼠会遭遇电击，此时有一个能转动的轮子，只要轮子转起来就可以停止电击，那么老鼠就会高兴地转着轮子，也没什么压力。可一旦轮子被拿走，老鼠就会承受巨大的压力。倘若随后把轮子重新放回笼子里，即使实际上轮子并没有连接到电击设备上，老鼠的压力水平也会低很多。通过这个实验，心理学家得出的一个结论是：控制感在压力应对中起到了至关重要的作用，它甚至比实际的行为更重要。如果你有可以影响局面的信心，那么你的压力就能降下来。这也即是说尽管生活中让我们产生压力体验的事件各有各的特征，它可能是新奇的、不可预知的、对自我产生威胁感的等，但核心其实都是在表达着：对于这件事我感到无法掌控，我不知道做些什么才会是有用的。所以，想要打破压力感对自我的束缚，更重要的是建立一种自我控制感——一种我们可以通过自身努力引导生活进程的信念。

实际生活中的自我控制感从何而来呢？它的建立是一个长期的、持续的过程，但是又与当下的每一步息息相关——在复杂的压力事件中，找到那些你能控制的部分便是其中至关重要的一步。比如说，当我们面对堆积如山的作业感到"压力山大"时，我们无法控制布置作业的老师，但我们可以决定先从哪一门作业开始做起，我们也可给自己绘制一个完成作业的时间计划表等，聚焦于当下你能做的事情，从而建立起"我可以掌控我的作业完成进度"的信念，便可以显著提高你对于自己学习的自我控制感。

你有拖延症吗

文：颜文庆

"国庆假期的前五天，我一定可以提前写完作业的！"
"我让妈妈给我报了数学网课，我一定每天都认真听讲！"
"每个月我都要读完五本课外书！"
"今晚一定要早睡！明天一定要早起！"
…………

很快又是一年了，你的新年计划完成了多少呢？

做计划时候的我们总是干劲满满，却往往在截止日期前才效率陡增，然后感慨一句"啊，果然 deadline 才是生产力"，还有甚者，最后只能任凭 flag 倒一片，然后捶胸顿足、懊恼不已，"我怎么就拖延到现在？要是时光能重来该有多好啊！"

再仔细想想，人生有很多事情并没有一个明确的截止日期。习惯性的拖延就像

"温水煮青蛙",在不知不觉中,让你离想成为的自己越来越远。比如你想培养一个技能,你想规律健身拥有好状态,你想和远方的朋友多一些联系来维系好感情,等等,这时候没有惊心动魄的 deadline 来唤醒你去冲刺、突击,拖延的习惯又制约着你的行动。最后,很有可能的结果便是,我们在一天天的拖延中逐渐失去了正确的方向。

下面我们来看看关于拖延的原因。

一、无法延迟满足

TED 演讲嘉宾蒂姆·厄班(Tim Urban)认为,在拖延症患者的脑子里仿佛有一只猴子,它喜欢及时享乐,喜欢容易又有趣的事情。一旦外界出现风吹草动,这只猴子就开始坐立不安、上蹿下跳,这会扰乱我们原本在理性时刻所做的决定。比如,刚刚坐下来想好好写作业的你,突然发现衣服的袖口被水笔画了两道印迹,你看着非常难受,立刻去洗掉了。回来之后,又发现肚子有点饿,打开手机点个外卖犒劳一下自己……一步步让自己陷入拖延的状态,随之又产生内疚、自责、烦躁、焦虑等情绪。

二、追求完美主义

有的人迟迟不行动的原因,并不是他(她)的注意力容易分散,而是害怕面对任务完成的结果。他(她)希望自己准备更充分的时候再开始,潜台词是:等时机更为成熟,等我收集的信息更为全面,我才能下定决心选出最完美的方案;不到最后,我无法做出最正确的判断……

这种类型的拖延症患者往往对结果有较高的期待,害怕自己无法完美地完成任务而一拖再拖。

三、情绪困扰

有研究者提出,时间管理的本质是情绪管理。当我们情绪不稳定的时候,内心已经备受煎熬了,便无法提供更多的认知资源和能量,更谈不上控制自己完成外界的任务了。然而,当时间紧、任务重的时候,拖延又容易加剧焦虑、悲伤等负面情绪,最后形成一个恶性循环。

习惯性拖延还有很多种可能的原因,只要你希望自己去改变并采取正确的行动,你就能逐渐掌控自己的人生,把握成长的方向。今日事今日毕,明日才会更精彩!

谷歌效应——存放于云端的记忆

文：王磊

当今时代，互联网正深刻地改变着人们的生活，正在对人类的思考和认知方式产生影响，我们记忆信息的方式，在互联网时代也发生了新的变化。

作为出生在互联网时代的"00后"，同学们可能从小已经习惯了使用网络，在互联网中浏览网页、看新闻、搜索信息等，互联网对你们的影响可能更为深远。

2011年，美国的斯帕罗（Sparrow）教授及其同事通过一组实验探究互联网时代对人记忆的影响，提出"谷歌效应"，认为人们逐渐把互联网看作自己记忆的一部分——存储量丰富的外部数据库。人们似乎是更好地记住了信息存储在哪里，而不是信息本身。

第一个实验，研究者先让参与者记忆一些信息，例如"鸵鸟的眼睛比它们的脑子大"，告诉参与者需要将这些信息输入电脑中，同时告诉一半参与者这些信息会储存到电脑中，告诉另一半参与者这些信息在你们输入完不久后，就会被删除。结果表明，认为信息会储存起来的参与者记忆的信息较少，而认为信息已被删除的人记忆的信息较多。这可能表示人们已把电脑当作一种自己的云端记忆系统，若已经把信息储存在电脑，就不再记在自己的脑袋里。

第二个实验，要求参与者将信息输入电脑不同的文件夹中，10分钟后回忆信息是什么，并询问信息是储存到哪个文件夹中。结果表明，30%的人记得信息在哪个文件夹而不记得该信息是什么，有10%的人记得信息是什么而不记得在哪个文件夹。这表明，人们对于如何找到信息的掌握程度已经超过了对于信息内容本身的掌握程度。实验结果验证了谷歌效应：人们更好地记住了信息的存储位置，而不是信息本身。

把这个实验类推至互联网，互联网是一个更大的"云端记忆系统"，一个更为庞杂的文件夹。互联网时代中的记忆模式，让我们不用再花费力气记各种各样的信息，我们只需要记住如何找到信息——打开搜索引擎，输入关键字，你想要的信息都有了，互联网变成了你的"云端记忆"。

为什么会产生这种变化呢？在进化的历程中，我们的大脑发展成为高度智能化的系统。这个高度智能化的系统遵循着"低耗高效"的优势，也就是干最少的活儿，办成最多的事儿。而使用搜索引擎，成本低廉、反应迅速，这些优势让我们能轻而易举地找到想要的资讯以及各种问题的答案。正因为如此，我们简简单单记住如何找到信息（搜索引擎＋关键词），比记忆信息本身要省力得多。

如果将谷歌效应延伸到同学们的学习中，我们日常学习记的笔记相当于一个小型电脑，上面有很多信息。很多学生上课记笔记特别勤奋，常常记得满满一个本子，里面充满了各种各样的信息，而大脑更偏向习惯记这个知识点在哪本笔记本上、在笔记本的哪个地方，而不是这个知识本身。这可能是日常生活中很多人明明做一堆笔记，结果考试成绩反而不理想的原因。

采用以下措施可以避免谷歌效应对学习的影响：

（1）对重要的信息，不要拍照，能用手记就用手记，书写的过程本身也是一种记忆的过程。

（2）已经拍照的信息，可以把照片中的重要信息重新记录到纸质版的笔记本中。

（3）记完笔记，如果忘记了知识，就多次翻阅回顾，掌握好已经记到笔记中的具体知识。

我就是想吃点东西，怎么了——情绪性进食

文：王磊

曾经有一段时间，我在一个月内长胖了15斤。

那是我写毕业论文的时候，每当自己写论文没有思路的时候，我就感到压力很大，心情十分焦虑，总是喜欢把手伸向桌子下面的零食袋，拿出薯片、饼干、酥糖等大快朵颐。如果压力没有得到缓解，还会出门寻找最近的炸鸡店，买一份炸鸡排、一份奥尔良烤翅，吃一个汉堡，最后再来一瓶"快乐水"，撑到自己无法再吃。吃的过程，是满满的快乐，暂时摆脱了写毕业论文的压力。吃完之后，看着没有什么实质进展的论文，刚消失的压力又会重新出现。不经意间，注意到自己越来越圆润的脸、更胖的身材，甚至会再加一层自责和懊悔，"我怎么又吃了起来"。

在情绪不好的时候毫无节制地进食，这种情况在学生群体中并不少见。曾经有学生向我说过自己的烦恼。他在初中的时候，体育中考满分，身材正常。进入高中后，学习压力骤增，他就想吃小零食。小零食遍布他的教室课桌、宿舍和家里，在学习压

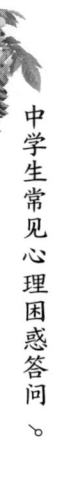

力出现的时候，可以随时吃到它们。在周末做作业焦虑到写不下去的时候，也会选择去麦当劳、汉堡王狂吃一顿。随之而来的是体重飞速上升，上体育课变成了最难受的时候，甚至在班级里被有些同学调侃。超重已经影响他的健康状况，这些让他非常烦恼。

心理学家范·斯特里恩（Van Strien）将上述情况命名为：情绪性进食（emotional eating）。在这种情况下，进食不再是补充能量的方式，而是满足自己情绪需求的工具。情绪性进食对身体造成的负担不仅仅是肥胖，而且对身体机能也有所损害。短时间大量进食会加重肠胃负担，引起消化不良和便秘，甚至会造成身体短时间内血压和血糖上升，增加心脑血管疾病风险。

其实，在日常生活中，有时候我们会通过进食让自己获得满足感。不一定每次情绪不好就去吃东西都是情绪性进食。一般来说，情绪性进食会有以下特征：

（1）一吃就停不下来，一定要吃到撑，虽然心理得到满足，身体却不舒服；

（2）即使是刚吃过饭，嘴巴里总觉得缺少一些东西；

（3）自己刚在某方面受挫，情绪不好，就开始进食，吃完之后自责、懊悔，循环往复。

深中学生在日常生活中，平时学业安排较为紧张，合理减压的方式较少。学业压力比较大的时候，偶尔吃东西缓解一下压力是可以的。但是，我们要注意频率，控制进食量，防止演变为情绪性进食，让自己徒增额外的烦恼。

它是计划不能实现的元凶吗——执行中的完美主义

文：娄俊颖

在咨询中，我经常听见一些同学说，有些事本来可以做好的，但是因为种种原因，没有去做；哇，多好的机会啊，然而没有把握住；计划满满的周末，最后也就只是计划；有好多好多的作业，可是连个作文都没有完成。

当进一步跟他们去讨论和分析其背后的原因时，会发现不少人具有一个共性——执行中的完美主义。就是把所有事情集中在一起，希望"毕其功于一役"，他们期待的结果是，不但都要做完，还都要做好。而这样的想法，往往会带来焦虑和拖延。

由于对一切都设想得太完美，所以，当设想结果可能难以达到预期时，就会迟迟不采取行动。

很多人知道自己拖延，知道自己有"选择焦虑"，知道自己总是纠结，甚至会在表面上对自己的这些情况表示"深恶痛绝"，但是在内心却觉得自己只是追求完美。其实，这种想法无可厚非。

健康的完美主义者能从成就中获得真正的愉悦，在条件允许的情况下，他们可以适当调整自己的要求，变得不那么精准；而凡事都要求完美的人，他们往往秉承着一种非理性的信念：只有达到完美，才能被接受。一味地追求完美，其实是恐惧，缺乏接纳和改变的勇气。

既然这种完美的根源在于恐惧，那么我们该如何克服这种恐惧呢？

（1）用阶段性思维击破面临的困难，直接解决问题。

首先，我们需要分析恐惧的是什么，是担心结果不能达到预期，还是我们不知道该如何完成，抑或是明知自己不能完成，却不能面对完不成的现实，等等。对于这些具体的恐惧，要分清哪些是可以解决的，对于可解决的问题，划分任务重点，提升可以完成任务的确定性。不回避问题是面对恐惧的基本态度。行动起来，才能集聚对抗恐惧的能量。

（2）接纳自己的不完美。

成长一定是建立在接纳自己不完美的基础上的，它是持续发生的过程，而不是一开始就瞄准一个完美的目标。只执着于追求一个完美的目标，反而是最大的不完美。或许有看起来各方面都做得很好的人，但那只是别人。接纳本身就是对未来可能性的希翼，当我们开始尝试接纳的时候，就开始了与环境的融合，并对自我产生真正的关注。

执着于追求完美，会让本来可以绚丽多彩的成长过程充满陷阱，而任何一个片面追求完美的陷阱都容易让人难以自拔。在追求完美这个执念的背后，你有面对恐惧的勇气吗？

愿你被世界温柔以待，愿你待这世界以温柔

文：刘本荣

这周生涯规划课我们分享的主题是心理健康。有人认为心理健康是一种状态，我更愿意把心理健康看作一种能力，当我们感受到困扰的时候，它可以帮助我们恢复并

保持稳定的状态。这种能力不是天生的，并且是会变化的。

变化的趋势会受到一些因素的影响，有些因素有助于这种能力朝好的方向发展，我们称之为保护性因素，比如和谐的家庭环境、几个知心的朋友、老师的认可等；有的因素可能会损害这种能力，我们称之为威胁性因素，比如突然遭遇的一些变故等。总之，影响我们心理健康能力变化最核心的一点是我们所感知到的人际环境。有一句话叫作"愿你被世界温柔以待"，它表达了我们对自己所处的人际环境最美好的希翼，但谁又是这"世界"呢？

记得有一位女生对我说："老师，其实我初中的时候抑郁情绪很严重。"我很心疼地问她："那一定是很难过的一段时光，你是怎么走出来的呢？"她说就是因为一个同学的几句话。"那个同学大概是在下课时经过我的课桌前，无意间看到我在草稿本上随便乱写的一些很难受、很糟糕的话。她找到我，看着我，很认真地几乎是一字一句地告诉我：'我知道你好难受，你如果需要说说，我随时愿意听。'然后抱了抱我。那一刻，我的眼泪都要出来了，从来没有人这么认真对待过我，我突然感觉到这世界并不像我想象的那样冷漠，是有人在关心我的，至少她懂我。"

这让我想到了生命教育周活动中那三千多张写满祝福的卡片，学生辅导中心D104阶梯上那些堆成小山一样的圣诞快递，我们的"小天使与小主人"活动中默默关心着自己"小主人"的"小天使"们，还有同事们在朋友圈里晒的学生写的祝福卡片……在被人关注和需要这一点上，从来不存在年龄差异。

世界不是别人，你就是世界，我们每个人都是其他人的世界！我们无意或有意的一句关心、一句问候、一句鼓励或称赞都可能在另外一个人的心里生根发芽，给TA带来力量和温暖。尤其是当对方正在"水深火热"中挣扎时，我们的"温柔"对对方来说无疑就是雪中送炭。

愿你被世界温柔以待，愿你能时时温柔待人，因为你的温柔有可能会改变一个人的心灵轨迹，让TA在遇到困境的时候，有更多的力量走出迷惘的丛林，穿过幽暗的隧道。

是什么阻止你达成目标

文：黄润银

我们常听到一句话：先定个小目标……每个人的目标大不相同，但是目标对每个人的影响力是一样的，目标之于我们就像船的舵、钟表和镜子，让我们在行动中有方向、有侧重点和有所反思。同学们给自己制定了不同的目标，有没有停下来反思，在过去的一段时间里，自己的目标都实现了吗？为什么有的目标实现了，有的目标没实现？在我们未完成的目标里，通常是什么阻止我们达成目标？

有可能是恐惧。曾经有一个摄影组采访了很多人，询问"是什么阻止你成为想要成为的人"，摄影组预计会得到健康、金钱、时间、精力、懒惰、疲惫、缺少支持、没有动力等，但是出乎意料，最多的回答是"恐惧"，在行动的过程中，他们总结出阻止目标实现的同一个因素是恐惧。

恐惧别人否定自己、不认可、嘲笑自己。

恐惧承担各种压力、挫折带来的痛苦。

恐惧过程中的各种失败。

恐惧自己无法到达理想的彼岸。

…………

恐惧会让你甘于原地踏步、停滞不前，恐惧也会让你半途而废、放弃一切。所以，直面内心的恐惧，才能让自己有勇气、有机会发掘有利的资源让自己坚持下去。

有可能是缺少行动力。同学们很容易给自己立下各种各样的目标，比如每天坚持体育锻炼等，但是该即刻行动的时候往往很难开始，结果一再搁置。搁置的原因也有很多种，比如没有时间、事情太多、精力有限、无法兼顾等。

为什么会这样呢？

心理学中有一种说法，我们的身体里都住着一只猴子，叫作"及时行乐猴"，属于脑缘系统，及时行乐也就是享受当下，不顾及其他。据说这种心理爬虫类动物都会有，可哺乳类动物更加高级的地方是前额叶皮质更加丰富，也就是主管自律、理智的部分会帮我们做出更正确的行动。比如你的目标是要减肥，每天坚持跑800米，"及时行乐猴"就会告诉你"今天别去了，一堆作业还不知道能不能完成呢"，而前额叶皮质会告诉你"跑完后，早点回家先做完作业，再做其他事情，时间是足够的"。这就是两个声音拉锯的过程，当后者战胜前者，你的计划就能坚持下来了。

人都是有惰性的，在我们自制能力差、拖延毛病严重的情况下，一定要设法行动。行动是可以马上开始的、是实实在在的。

当我们确定目标之后，一定要把目标具体化，规划好实现目标的行为，即刻行动，从今天开始，从这一刻开始。

第九章 如何调节情绪

你真的懂"考试焦虑"吗

文：李莹

"老师，考试前这段时间，我很容易就被周围环境干扰，自己总是很难专注地做题，这已经影响我的做题正确率了，听到翻试卷的声音我就会很着急，结果考试很不理想……"考虑到期末考试在即，在生涯规划课上我准备了四个主人公在考试前、考试时的故事，让同学们在演绎他人的故事中对于"考试焦虑"有所体验、思考和发现。

不甘落后的小红废寝忘食、不分昼夜地做题；背负母亲沉重希望的小军痛苦地复习；以"学神"自诩的小丽自信不用复习也能考第一，安心看起了小说；稍显紧张的小海认真制订复习计划并有条不紊地备考。坦白而言，虽然同学们相对完整地呈现了这四个主人公的故事，但是，我还是难以看清同学们的"考试焦虑"，因为同学们的表演似乎比内容更为精彩，大家都在笑着观看别人的表演，甚至连表演者都是笑着说着自己的着急："你知道我有多着急吗？"或许，面对即将到来的期末考试，同学们并没有焦虑情绪，然而，考试焦虑作为一种正常的情绪，没有的话是不是显得不正常了？又或许，同学们的焦虑情绪是有的，但因为排斥它而把它藏起来了。

表演结束后，通过问题的引导，不少同学发现了焦虑情绪和学习效果的倒U形关系，并认可适度焦虑状态下学习效果最佳。最后，当被问及是否有什么问题或困惑时，大家或摇头或沉默，似乎在告诉我"我们都懂了"。某天，咨询室里来了一位考试前紧张不起来的同学，她想增加紧迫感以应对期末考试，她让我想起了曾有同学对我说过"老师，您说的我们都懂，但是做不到"，进而让我想起了一种人生困惑——"听过很多道理，却依然过不好这一生"。

为何会如此呢？或许，心学集大成者王阳明的"知行合一"便是答案。我们常常停留在知识、道理的表面，忘了在行动中将外在的知识转化为自己的了悟。"知行合一"告诉我们：当通过行动让知识了悟于心而非停留在脑中时，我们才是真的懂。

期末考试在即，不管你的焦虑水平或高或低，试着运用所学的知识、方法调整焦虑情绪，让它处于适度水平。如果做不好，没关系，成功并不是一蹴而就的，下一次考试再继续练习……终有一天，你会真的懂"考试焦虑"。

面对情绪暴风雨，你可以这么做

文：黄润银

生活中，什么样的事情会让你生气？什么样的事情会让你陷入愤怒无法自拔？同学们分享了以下一些容易让自己感到愤怒的情况：

同学没有经过我的同意翻我的东西；

被当众捉弄；

受到不公平的对待；

被老师批评……

然而，同学们在处理愤怒情绪时容易出现两种极端：一是愤怒时不顾场合地采取"大叫""摔东西""打人""骂人"等攻击性行为发泄，旧的情绪没处理好，又引发了新的麻烦，让自己陷入无穷无尽的烦恼中；二是生闷气，敢怒不敢言，不知道如何宣泄，生闷气，"内伤"很严重，长期压抑，一旦压抑不下去，情绪突然爆发，后果难以预料。

那么，我们该如何处理愤怒的情绪呢？总结起来就是既不强行压抑，也不肆意发泄。以下的步骤可以帮助你更好地处理自己的愤怒情绪。

首先，愤怒的情绪在不断爬升的过程中，学会暂停、冷静很重要。比如：深呼吸、默数、听音乐、看风景、唱歌、做自己喜欢做的事情。做一件不会对自己或他人有负面影响的事情来转移注意力，让自己强烈的情绪冷静下来。

在强烈的愤怒情绪状态下，我们的行为很容易失控，但实际上只要我们能暂停片刻，情绪就能很快缓和下来，我们要理性地处理问题，而不是情绪化地面对问题。例如六秒钟暂停法就是利用这样的原理，可以给出我们大脑皮层（长通道）工作时间，完成一个高阶层的思考，从而做出更理性的反应。

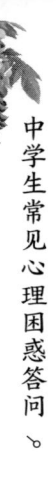

美国心理学家欧廉尤里斯提出六秒钟行动法则，即当你感觉到自己的情绪快要被对方引爆的时候："首先降低声音，接着放慢语速，最后胸部挺直做一个深呼吸。"在课堂上，同学们一起讨论了更多简单的"六秒钟暂停法"，除了可以在心里默数"1、2、3、4、5、6"，还有以下不一样的"六秒钟暂停法"：

用英语从1数到6，或者从6倒数到1；

想出六个外国的首都；

寻找周围环境中六种不一样的颜色；

想想你去过的六个最喜欢的地方；

迅速念出出现在你视线范围内六个同学的名字。

其次，当强烈的情绪有所缓和后，我们尝试从理性思考的角度去了解自己愤怒的情绪是怎么来的。

解释1："挫折－攻击"理论认为，愤怒来自期望落空。比如马上要上最喜欢的体育课或足球课的时候，突然下暴雨了，你顿时感到非常的愤怒。人的愤怒大部分来自对生活的不满和挫折，当不能理智地找出原因，并采取合理的解决方法，愤怒或攻击行为是表达挫败感的一种方式。

解释2：愤怒常常被认为是维护自尊的自我保护方式。当感到自尊被伤害时，人会愤怒，阻止伤害，维护自己的自尊感。比如当感觉对方冤枉自己时，就会感觉遭到了不公平的对待，会有很强烈的愤怒。

当你处于愤怒状态的时候，可以尝试从这两个解释中理解自己愤怒的原因，然后再想想还有没有其他方法可以满足自己的需要，或是通过其他方法争取自己的权利。

情绪管理四部曲

文：高瑞情

这几天，看到一位同学发的"说说"："既然伤心什么都改变不了，那为什么会存在伤心这种情感。宁愿做一个不容易高兴的人，也不愿做一个容易伤心的人。"是啊，我们都喜欢积极正面的情绪，不喜欢负面的情绪，有时候我们甚至会因为自己的伤心而伤心，因为焦虑而焦虑。然而，现实是每个人都难免会有负面情绪的体验，怎么去管理情绪就变成了一项必备技能。

情绪管理通常有以下四个步骤：

第一步：觉察情绪。注意到引发情绪的事件或信号，但不要只关注于眼前的这件事或信号。分些注意力对自己的心理感受、身体反应进行觉察，同时关注到自己的情绪状态。

第二步：思考原因。对信号进行觉察，思考引起情绪的原因是什么，为什么这件事会引起你的心理感受或身体状态发生变化。通过分析原因，也许你会意识到自己平常所没有意识到的动机、期待或欲望等。

第三步：接纳情绪。似乎在中国人的文化里，很羞于去表达"我很难过""我很悲伤""我很痛苦"等情绪。对于内敛的中国人来说，表达负面情绪似乎会让人觉得矫情而无用。面对问题，我们更习惯于表达观点，却忘了给自己的感受开一扇窗。《人与生俱来的情绪》这本书中提到，人生来就有七种情绪：愤怒、羡慕、喜悦、悲伤、羞耻、嫉妒、恐惧。我们要明白，情绪是人与生俱来的，各种情绪的出现都是正常的，我们要做的是与自己的情绪共舞，和谐相处，而不是压抑自己的情绪。另外，我们既要了解并接纳自己的各种情绪，也要了解并接纳别人的情绪。人生而平等，每个人都应该被允许产生情绪，不是吗？

第四步：管理情绪。接纳情绪是我们做到与情绪共舞的基础，管理情绪则是关键。找到适合自己的方式，让自己的情绪得到舒缓。或是静坐在安静的环境里，或是在运动中出汗放松，或是通过音乐来平静内心……找到喜欢的方式，你会慢慢寻找到自己的"频率"，管理情绪会变得越来越轻松自如！

其实，每一次情绪的发生，都是我们觉察与成长的机会，可以让我们对自己更了解、对身体更敏感，让我们更容易与自己、他人或自然产生联结。关键是，我们是否把它当成机会，又是否抓住了改变的机会？

如何处理压力下的负面情绪

文：黄润银

有些同学感觉越临近考试，情绪越容易烦躁，感到莫名的压抑，人变得异常敏感，同学一句无心的玩笑话、一道解不出的难题、父母关切的话语、一个并不是很满意的分数都会让自己情绪波动。

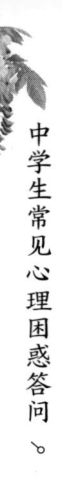

在压力环境下，我们往往容易把负面信息放大，个体更容易产生负面情绪。在这样的环境下，我们更需要对自己的情绪保持觉察，及时调整情绪有助于更好地去应对当下的任务。有人曾做过一个范围很广的调查研究，发现在表现出众的人中，90%的人都善于在压力下管理自己的情绪，保持冷静和自控。

那么，我们如何处理压力下的负面情绪呢？

一、珍惜、感恩此刻

加州大学戴维斯分校（University of California，Davis）的研究结果显示，每天用心培养感恩心态的那些人会感受到情绪、精力和身体健康都会有所改善，因为这种心态把你的压力荷尔蒙——皮质醇降低了23%。曾有一位毕业班同学分享：虽然备考过程中同学之间会有竞争，看看下一次谁考得更好，但是平时一起努力、相互帮助的日子感觉非常快乐。当我们为不断接近的高考而紧张焦虑的时候，不妨回顾一下和身边知心朋友一起度过的青葱岁月，珍惜、感恩一起奋斗的此刻。

二、停止消极的想法

当你沉湎于消极的想法时，它们就会像滚雪球一样，让消极更为放大。在一个问题百思而不得其解，反而越想越乱的情况下，首先要当机立断不要去想，尝试把它写出来，把消极的想法具体化，一一罗列出来，然后再逐条思考应对的策略，当这样去做的时候，你会发现很多消极的想法只是停留在想法，而不是事实，这样自控感自然就会增强。

三、保持乐观

每天抽出一点时间有意识地挑选一些让自己高兴的事情去思考，这会使心情愉悦，大脑处于相对放松的状态，这时候学习效率会更高。耶克斯－多德森（Yerkes-Dodson）定律告诉我们：当任务更有挑战性时，中等偏下的焦虑水平是最优的。随着高考的时间越来越近，同学们会体验到不同程度的焦虑，接纳自己的焦虑，对自己的状态保持乐观的态度，告诉自己"适度的焦虑有助于自己聚焦于当下的任务，提高自身的学习效率"。

四、保持充足的睡眠

睡觉的时候你的大脑就像在充电，在白天的记忆中穿梭、储存或者遗忘（有时会形成梦），所以当你醒来时，头脑总是很灵敏，思路很清晰。

当你得不到充足或者适当的睡眠的时候，你的自控能力、注意力和记忆力都将减退。很多同学有所体会，睡觉前很疲累的时候想事情越想越受挫、越想越沮丧，但是一觉醒来就有种重新开始的感觉。

充分调动自己的支持系统和资源，懂得向你的朋友、老师和家长寻求帮助，借助他人的力量，给自己提供多角度解决问题的方法。当你求助于他人的时候，这本身就具有发泄的功能，可以缓解内心积累已久的不舒服的情绪。

第十章 高三梦想加油站

建立自己的节奏

文：郭明珠

进入高三已经一个月了,如果说高三的路程是1000米,我们已经走完了100米。我想大家都铆足了劲,尽自己最大的努力来度过这一个月。高速跑了千米路程的前100米,这时候可能会出现几种情况:第一种是对高三的新鲜感已过,感觉节奏太快了,但高三很重要,就鼓足干劲一直向前冲不停歇,搞得自己非常疲惫;第二种是高速跑了百米,发现还有很长的路程,看不到终点,觉得疲惫,动力锐减,索性停下来休息;第三种是觉得有点烦躁,忐忑不安,少部分同学出现了睡不踏实的现象;第四种是跑的过程中与身边的同学进行比较,发现别人似乎比自己跑得快,表现出不安和自我怀疑。其实,这四种情况,都体现了一个问题,就是没有找到和把握好适合自己的节奏。

如果拳击手在比赛中不能建立自己的节奏,就会处于被动挨打的状态。对于高三的同学来说,掌控自己的节奏非常重要,为此,我们可以从以下几方面入手。

首先,我们不要因为还没有找到节奏而感到慌乱,事实上,所有人在高三都会面临这个问题,而前一两个月就是去解决它的时机。高考是一个舞台,高三就像是在练舞房练舞,四面都有镜子,没有人一开始就跳得很好,但我们不要无视那些镜子,要敢于面对它,看到镜子中的自己,调整和改变非常重要,这也是一种自信的表现。

其次,我们要找到节奏。高三是一个节奏比较快的时期,学习的任务量比较大,在这样的大背景下,需要适当地(不过度)提高自己的节奏。对于时间,要从被动安排转变为主动计划,被动安排的3小时和主动计划的3小时是截然不同的。在时间的利用方面,可以看看周围在时间安排和利用上做得比较好的同学,并向他们学习。但要注意的一点是，千万不要把自己的时间都填满了，全部时间都填满，那就没有思考和再创造的空间。可以每天抽出固定的时间坚持某项体育活动，这不仅能让自己有一个健康的身体，也调剂了紧张忙碌的学习生活。在专注度上，要有提高。专注是全身心地投入，所有的精力集中到一点，心里不想其他，只有一件事情。专注的力量很大，它能把一个人的潜力发挥到极致，专注的时间越多，效率越高。如果你是专注的，就不容易觉得疲惫，内心往往感到满足和愉快。根据心理学对人的注意力特点的研究，我们在学习的过程中，可以通过以下几种方法提高专注能力：（1）对任务的时间安排要分小块，因为成年人的注意力一般能保持45～60分钟，在高度认知需要的情况下，也只有2小时。任务的安排最好以每小时为一个模块，两个任务之间休息10分钟。（2）任务的安排要有目标，就是要知道这1小时做这件事情是为什么。因为人注意力的集中需要一定认知资源的调配，我们的大脑越认识到这件事情的重要性和意义，越能保持专注。（3）保持良好的内在和外在环境。注意力容易受到各种刺激的干扰，包括外在环境的嘈杂和我们内心的混乱。保持一个良好的外界环境和良好的心态，是让专注持续下去的重要方法。

最后，我们要保持适合自己的节奏。有些同学通过一个月的摸索，已经慢慢找到自己的节奏了，但是也有同学反馈，经常在观察身边的同学和在考试之后就不坚定了，这是不可取的。坚持自己的节奏很重要的一点就是，我们要把比较的目标放在自己身上，是今天的自己与昨天的自己作比较。高三这一年，每个人进步的速度和时间点是不一样的，有人起步快一点，有人中段加速时快一点，有人末段快一点，因此无论如何不要乱了节奏。

月考之后

文：郭明珠

月考完毕，每个人一定都在审视自己，每个人的内心都经历着一些变化。

对于高三的你来说，第一次月考在心中是占有非常重要的位置的，因为无论之前自己是哪种情况，上了高三，都会对自己有一个全新的期待，也会为这次考试做出超乎往常的努力。不仅如此，第一次月考也是考验你是否能在高考压力下放平心态、轻松应战的一个机会。

看到成绩之后，不少同学会有以下几种心理变化：

（1）难受。很多同学在第一次月考之后觉得没考好，心里很难受，进而产生了一种对自己失望的心理。

（2）焦虑。对高三第一次月考很重视，但是进入高三以来，除了前两周，之后就感觉自己不在状态，找不到目标，看不到希望，考试成绩出来之后不理想，更加焦虑，觉得自己没有办法应对高三。

（3）信心动摇。考试结果跟自己的预期不符，有同学认为跟自己原来的成绩差距太大，也有同学因受到打击而对自己失去信心。

我们可以通过以下几种方法来调整自己的心态：

（1）看到难受、焦虑、失落等不良感受后面的积极作用。有研究表明，消极情绪也具有一定的积极效果。消极情绪使人趋于保守，对事物本身的注意力更强，思考更为谨慎和小心。从发展进化的角度来看，在竞争激烈、注意力的需求更大的时候，不良感受会让我们集中注意力，关注细节，更加小心谨慎地制订计划，帮助我们渡过难关。因此，当你处于负面情绪中的时候，不要光顾着自卑，要充分利用这个"冷静"时刻。

（2）调整对自己的定位。有的同学对高考抱有较高的期待，因此上了高三信心满满，准备大干一场，设定了一系列的目标，但是因为目标离自己的实际情况还有一段距离，学习的过程中出现了小波动就会有一个"严厉的声音"出来批评自己，反而把目标变成了一种障碍；此外，还有部分同学的目标定得太高，即使有了些许进步，也会因为差距太大而无视。所以，我们要调整好对自己的定位，看清自己的实力，同时制定"跳一跳就能达到"的目标，要知道高三是一个时间段，不是一个时间点。

（3）提升自己的学习状态。前两点作用的发挥依赖于这一点，也会促进此点作用的发挥。学会分析考试成绩不理想的原因，是自己没有认真复习、准备不够，还是疲劳战术恶性循环？是题目太难，还是一时轻敌？是身体不佳，还是心情太糟糕？即使自己的基础不够扎实，也不能轻言放弃。分析了原因之后，我们就可以"对症下药"，提升自己的学习状态，不断取得进步。

学习是艰苦的，学习又是快乐的，这一路走来定然是痛并快乐着，对此，我们应该有十足的精神准备，学会让自己的内心变得强大起来。

如何做计划

文：郭明珠

相信上了高三，每个人都对自己的目标都有了更多的思考，同时也会制订相应的计划。计划的作用是很大的，它可以帮助我们尽快地进入学习状态，而不是在做完一件事情后才想"我接下来要做什么"，有些同学常常因为不知道自己"下一步行动是什么"而犹豫不决或被迫拖延。做计划也可以避免在"思索"的过程中浪费时间，耽误直接进入"行动"的进程。合理的计划可以帮助我们稳步向前，并在计划完成的过程中不断建立信心。

有不少同学近来询问"为什么我完成不了计划""为什么我容易走神""为什么我坚持不下来"等问题。我们不必过于纠结这些问题，制订一个计划最大的功效不在于逼迫我们将尽量多的时间花在学习上，而是帮助自己保持学习节奏，有规律地作息。对自己太过严格，会增大心理压力，得不偿失。在计划的制订和完成上，同学们容易出现以下三个误区：

第一个是目标的制订"一步到位"。若我们的计划比较长远，没有分步进行，会容易让自己丧失信心。就像马拉松跑步，很努力地跑了一段路程，但离终点还是很远，这时候就容易丧失信心，甚至对自己产生怀疑："我到底还能不能抵达终点？"这个特别像一些同学当前的状态，很多人希望月考之后可以证明自己，希望能够"一步到位"，但现实是离高考还有一大段距离要走，用一个较远较大的目标来评价只走了一小段路的自己，是不合理的。

第二个是制订太多的长期、中期目标。太多的目标意味着精力的分散，特别是当你制订太多的长期目标和中期目标时，就会被牵着走，反而又变得没有目的性了。比如把物理、化学提高10分，把语文、英语提高10分，把数学提高15分，这些都是需要花费几个月才可能达到的目标，太多此类目标不仅会增加负担，也不利于目标的实现。

第三个是简单地用"是"或者"否"来评价计划的完成。不少同学制订了计划，但是每天检查之后发现并没有完成，心情低落。但每个人做计划的时候，都假设自己是在一个最佳状态下做事，而事实上，能100%完成计划的人几乎不存在。如

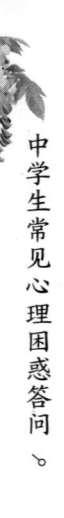

果我们不做计划，只可能完成40%的工作量，但如果我们做了计划，就可以完成50%～60%，这就是计划的作用。因此，即使没有完成计划，也不必过于苛责自己，而是要进行反思，在之后有所提升。

做计划时，我们可以试试以下几种办法：

（1）把它们写下来。

想要记住并且开始执行自己的计划，最好的办法就是把目标写下来，描述你的目标是什么，你要怎样达成它。将目标写下来，可以梳理你含混不清、条理不顺的想法。最好的做法是自备一个"计划本"，前一天晚上具体写第二天每个时段都做些什么，当天晚上对完成的事情打"√"，激励自己，看到自己的付出。要做到大计划心中有数，小计划落在纸上。

（2）一个星期制订一个小目标，一个月制订一个中期目标。

建议一段时间内只留两三个短期目标，一个中期目标，将大目标分解为若干个小目标，落实到每天或每周。在自己付出努力之后，一定要学会发现自己的成长之处，可以适时地给自己一些奖励。

最后，用一句话来强调目标的重要性："追求目标，即使没有达到目标，也会带来幸福和积极的情感。"

深度学习

文：郭明珠

高考反映学生对学科知识了解程度的同时，也考查学生思考、知识迁移、多层次和多角度分析解决问题的能力。深度学习有利于培养我们的高级思维能力，并能加速提高学习效率，特别是在当今高考试题越来越灵活的情况下，将深度学习贯穿日常的学习生活中，是非常必要的。深度学习的能力不是自然形成的，它需要持续不断地练习。

你平时的学习行为更多的是浅层还是深度的呢？

序号	浅层学习（shallow learning）	深度学习（deep learning）
1	学习者关注知识点	学习者的知识体系与以前的知识和体验相关
2	记忆知识和例行的解题过程	掌握普遍的方式和内在的原理
3	理解新的思想感到困难	列出证据归纳结论

续表

序号	浅层学习（shallow learning）	深度学习（deep learning）
4	在活动和任务中收获较少	有逻辑地解释，慎重地讨论，批判性地思考
5	学习中较少反思自己的学习目的和策略	在学习过程中逐步加深理解
6	对学习感到有压力和烦恼	对学习的内容充满兴趣和积极性
7	被动学习	主动学习

一、把握每个老师的讲课特点和各学科的特点

每位老师的上课特点是不一样的，如有的老师在讲解重点的时候会反复强调，有的老师重在引导、强化练习，有的老师强调解题的方法，等等。各学科的特点也是不同的，只有听课时做到有的放矢，才能够准确把握每一节课的重点内容。

二、提前预习、复习，做好学习新知识的准备

提前一天做好听课准备。首先，你最好养成在前一天晚上准备各类工具的好习惯。几分钟的提前准备，可以使你在第二天节约更多的时间，并使你心情舒畅。其次，复习前一章节学习的知识，回顾上一节课的知识对听好下一节课、快速理解和掌握新知识是大有益处的。每天花 30～60 分钟为第二天的学习做好准备可以达到事半功倍的效果。

三、给自己一段留白的时间

高三同学的普遍的一个特点就是把自己填得满满的，一有时间不思考学习就会觉得自己不够努力。其实，一个瓶子真正有用的部分是空的部分，我们的大脑也是，需要一段留白的时间。课堂几十分钟高强度的脑力运动，会使得我们的大脑产生疲劳，如果得不到缓解，就会使思考、理解和记忆的效率大打折扣，影响接下来的学习效果。课间 10 分钟，应该放松一下心情，可以做以下一些活动：呼吸新鲜空气；站在室外眺望远处的树木或者建筑物；与周围同学聊天。

四、解题后进行总结

做解题后的总结要从以下 7 个方面进行思考：（1）命题者有什么意图？（2）题目设计的巧妙之处何在？（3）此题的关键何在？（4）题目有何规律？是否可推广成一类题型？（5）此题为什么这样做？（6）解题过程中暴露了自己哪些弱点？（7）改变这个问题的提问角度，会变成什么样的题目？

为印在纸上的题目赋予一个鲜活的有思想的生命，是一个更有趣的过程，也会让自己不断进步。

五、进行积累

积累成功的经验、失败的教训，把平时练习和考试中做错的题目积累成集，并且经常翻阅复习。错题集至少要回顾三遍才能消化。

深度学习是非常难的，但也是至关重要的，坚持去做，才会取得巨大进步。

高三的同学情

文：郭明珠

有些同学会感觉进入高三后人际关系慢慢变得有些微妙了，结合近期同学在咨询过程中提到与同学相处中的小矛盾和复杂的感受，我们一起来看看，高三的同学情究竟怎么了。

A："我和一个朋友的关系很不错，但到了高三后，总觉得他思想偏激，整天吐槽，我又很敏感，很容易被干扰，就不太想搭理他，最后觉得自己也不开心，不知道该怎么办。"

B："我和他之前是很好的朋友，但是从高三开始，他的成绩慢慢变得比我好，我感觉很难受，我竟然嫉妒好朋友！晚自习的时候就会不由自主地去看他在做什么题目，会控制不住跟着去做，自己的节奏完全被打乱了。"

相信有很多同学也有类似的经历和感受，上了高三，在每次大小考的比拼中，似乎一切事物都在通过比较、竞争的方式使你更上一层楼。但是，在比较的过程中，自己往往会有不好的感受，但是又觉得如果不比较，好像感觉不到自己的努力。当我们处于矛盾中时，可以通过以下方法来调整。

一、理解"比较"的心态是普遍的

其实，上了高三后，最大的变化是同学们的评价目标变得单一了。在这种情况下，同学们之间的差异反而是不大的，因为除了学习上的优势，其他的特点就被暂时忽略了。大家都把注意力放在学习上是这一年的主要特点，所以，同学之间在学习上比较是很普遍的，大家几乎都有这样的心态，不必再为这种"比较"的心态而烦恼。

二、接受"比较"是自然而然的、正常的

在高三，身边的人其实都会比较专注于自己的学习，同学之间的交集会少一些，但学习成绩不是静态的，而是动态的，有时候会高一些，有时候会低一些，这时候自己的自信心就会很容易随着成绩的变化而动摇。当我们自信心动摇的时候，其实很想获得周围同学的支持、认可。这时候发现大家都在埋头苦干，原本期待获得他人的支持，转变为关注他人的"埋头苦干"，比较之心油然而生。其实，大家都需要来自同学之间的真诚鼓励，平时对身边的人不妨多一些微笑、多一些支持、多一些肯定，只有这样才能共同进步。

三、找到并认可自己的位置

同学们在进入高三的时候都设立了较高的大学目标，但学习了一段时间后，有人可能会感觉挺茫然的，觉得现在离目标大学距离好远，也有人无法接受目前自己的状况，尤其是在努力了一段时间之后进步仍然不明显的情况下，就会变得很慌乱，无法静下心来的时候就更容易去比较。因此，在高三要准确地找到自己的位置，并对自己有一个清醒的认知。学会接纳自己是摆脱这种"比较"心态的关键，也是真正进步的开端。

最后，跟大家分享纪录片《人生果实》中的一段话，"从能做的事情开始，一点一滴，孜孜不倦"。在快节奏的日子里，要更加扎实而坚定地前行。

考后选择

文：郭明珠

进入高三之后，考试会逐渐增多，那么在每一次阶段考之后，我们可以做什么呢？怎样让考试的效果最大化，或者让每一次考试都成为奠基石呢？这和考试后我们对待考试的态度有很大的关系。

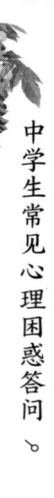

一、放弃还是继续奋斗

解决问题最核心的一步是面对而非逃避。当我们面对问题时，要做的第一步是接受问题，相信自己解决问题的能力并且以积极的态度去面对问题。为什么你的态度非常重要呢？因为对问题本身的畏惧会消耗掉我们本可以用来花在解决问题上的精力。当我们感到恐惧时，我们的本能反应是尽可能地逃避。那如果我们不把它看作是问题、难关，而看作是一种机遇、一个挑战，我们的感受就会发生一些变化，能够比较轻松地去对待。

考后尝试积极乐观对待问题，把问题看成一个挑战而不是一次威胁，把问题视为是可解决的，并对自己解决问题的能力拥有足够的自信，能够明白解决难题通常需要坚持和努力等。然后去解决问题，继续奋斗。

二、重视过程还是重视结果

有些同学考完后紧盯着分数，这是不可取的。试着把眼光放在考试之后的总结，才是智者之行。分数只不过是对你这阶段努力的一个评价，不应该过于在意，而应该找出丢失分数的原因，并分析自己不清楚的知识和这阶段的不足。我们的目标不是这一次次的小考，而是将来的高考，所以要重视平时考试后的总结。

三、考试结束后总结固然重要，但更重要的是找到新的起点

有的同学考试没考好，会列出一大堆的学习计划，下各种各样的决心，但是几天过后就又像以前一样了，失去了几天前的动力。考试之后的总结固然重要，但更重要的应是重新找到自己的起点，激发新的行动，并坚持下去。

"暴风雨过后不一定会见彩虹，但是至少会晴空万里"，我们要用一个好心情、用一种平常心投入下一轮的学习中。所有的成功都来自行动，只有行动才能改变你自己。

给自己即时反馈

文：郭明珠

"高三的生活太单调了，日复一日地上课、做作业、考试，感觉生活有点像白开水，心里有点乏味，有时候会突然蹦出来一个想法：'这么努力，是为了什么呢？'"

"今天晚上要完成一张物理卷子，自己也觉得很重要，下了决心要真的做完并搞懂，但是好难，高三的很多学习任务都觉得好难，这时候自己就很容易分心，甚至有时候为了回避而去做别的事情。"

"我的成绩处在班级中下游，其实老师、爸爸、妈妈都没有给我太大的压力，我也想努力，但是为什么总感觉努力了也没什么用，成绩总是起起伏伏的，这些努力都是白费的。"

你有没有跟这些同学类似的想法呢？当我听到这些想法的时候，脑子里面就会想起一幅图——一只兔子在拔一根很大的萝卜。不知道什么时候能拔起这根萝卜，拔得太费劲，就会想要走掉，继续拔下去又会担心没有收获，白费劲。

在高三，各种测试和反馈要比高一高二时多，这个过程会带来成绩和心态波动。尤其是学习成绩在中下游的同学，收到的可能更多的是让自己感受并不太好的反馈。

虽然我们总强调学习要学会延时满足，但在高压力高投入的环境中，要学会给予自己即时反馈。什么是即时反馈呢？举例来说，当你起来回答问题后，老师马上给你一个点评，如"你这个表达非常准确！"，这种对你的行为立刻给予评价的情形就是即时反馈。即时反馈其实是一种用来表明我们的行为正在导向目标和成功的信号，这种信号既可以来自外部评价，也可以来自自我评价。获得即时反馈能够帮助我们更加投入正在做的事情，变得专注，如果这个反馈是正向的，你会获得一种成就感，你不但会投入，还会幸福地投入，慢慢地就会更加认可自己。要持续投入才能看到结果的高三坚持下去，我们需要学会用即时反馈来支持自己。

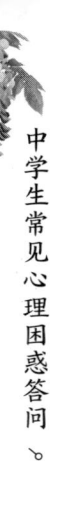

下面介绍几种建立即时反馈的方法。

一、记红账

记红账是家庭治疗中一项非常实用的技术，顾名思义就是记录做得好的行为、值得肯定的地方。我们可以准备一个小本子，每天睡觉前回顾一下自己一天的学习生活，可以记录三条自己感到满意的、值得肯定的地方，每天坚持下来，会发现自己思考问题的方式变得更积极，信心也更足。

二、清晰地安排每月的活动并反馈

有些同学说，自己每天会想一想大概要做什么，然后就去做了，有些同学说，每天光是完成作业就够了，根本不用写计划。但其实这个"每天做什么"的过程是不清晰的，通常只会有一个笼统的概括，就是"完成了""没有完成"。如果我们能够合理地安排每天要做的事情并列出来，完成后打钩，就会觉得很踏实。

三、从今天开始每天去肯定身边的人

对身边同学的变化、进步给予肯定，不仅看在眼里，也要表达出来，自己边羡慕别人边肯定别人，这份肯定不久也会回到我们身上。

看完这篇文章的你，又会给自己怎样的积极即时反馈呢？

别人放假，我做什么

文：郭明珠

寒假对于高三的学生来说，是一段纠结的时光，如果彻底把这当作一个假期，内心就会不安、内疚、自责、担心；但如果整个假期只学习，又会感觉非常疲惫。对于假期，可以考虑用以下方法调整自己的心态。

一、放松心情，尝试做一些让大脑放松的事情

经过一个学期的紧张复习，我们身心疲惫。好不容易到了假期，确实该好好地休息一下，使心灵得到放松，精神得到调整。休息是为了走得更远，机器也需要保养，

更何况是人呢？寒假是漫漫复习路上的驿站，我们可以利用寒假的时间调整自己的状态，放松心情，尝试做一些让大脑放松的事情。

在这里列举几点：

（1）读一本书。这是一个让自己放空的最佳方法，它会让你感到心情舒畅、放松，并准备好面对更大的挑战。

（2）看照片回忆一段愉快的时光。翻看旧照片会让当时的情形都一一浮现在你的脑海里面。花一些时间去回忆，你会发现你比以前更轻松，心情也好了很多。

（3）接触大自然。接触大自然是一个非常好的缓解压力的方法，因为它可以让你的大脑彻底放松。安静的早晨穿好运动鞋出去散散步，或者午后到深圳湾公园骑骑自行车，接触大自然。

平日里我们也要善待自己，每天给自己 5～20 分钟的精神旅行，放松身心并缓解压力，你会惊喜地发现学习和生活原来一直这么美好。

二、坚持适当的、有针对性的学习

1. 制订计划，有针对性地复习

放假前要挤出两个小时制订寒假 6～10 天的完整复习计划，列详细的作息表。比如早晨几点起床，几点休息，每小时如何安排。寒假是我们难得的完整自主的时间，你可以根据自身的学习情况来安排复习。假期在家复习还有一大好处——安静，听不到教室的喧闹，离开同学之间的相互干扰，抛开各种纪律约束，也没了考试、排名的烦恼。

复习内容要有针对性，找准薄弱环节，分清轻重缓急。如果物理是拉后腿的学科，你就可以利用这个时间来系统弥补物理的不足；如果你的基础概念掌握不牢，知识体系建立不完整，你就可以系统地对各科进行查漏补缺。

在制订完复习计划和作息表后，可以把它们做成一张表格贴在书桌前，以起到提醒的作用，让计划变成行动。

2. 小组合作学习

放假的时候还能坚持学习，确实需要惊人的毅力。我们难免会出现一些松懈的想法，这时候，不妨跟几个好友成立一个互相监督提醒小组，当彼此有松懈的想法时，让好友帮助你赶走惰性，唤醒激情，真正把学习任务落到实处。比如早上起床时，朋友彼此打个提醒电话，晚上大家对一天的复习进行总结。有了朋友的支持和陪伴，寒假的学习生活会更加轻松、畅快。

找好最近发展区，潜心每一步

文：郭明珠

距离高考只有一个多月了，时间相当紧迫，这会让一些同学变得六神无主。大家都觉得现在的自己已经找到感觉了，想法很多，对策更多，哪一科都想抓，可就是时间不够。于是，常常手忙脚乱，停不下来，稍停片刻就容易自我批评，心浮气躁。其实，在剩下的时间里，我们要调整自己的状态，在心态上打一场胜仗。

一、充分利用好自己的最近发展区

最近发展区理论是由苏联教育家维果斯基提出来的。维果斯基的研究表明，发展有两种水平：一种是已经达到的发展水平；另一种是可能达到的发展水平，即通过一些方法和练习，能够达到的水平。这两种水平之间的距离，就是"最近发展区"。把握好"最近发展区"，能够极大地加速我们的发展。如果我们现在站在"已有知识"的草坪上，树上的桃子是我们"将要学会的知识"，切记在当下这个阶段，千万不要去摘太高的桃子。要从实际情况出发，确定考试的目标和期望值。

由于我们深中的学生自身素质较好，周围人期望值很高，因而我们对自己要求也比较高，有些人就总是想最后摘到最高的桃子。现在若还带着这样过高的期待，容易使自己的自信心受挫（内心超级强大者除外）。高考不是比你能不能摘到最高的桃子，而是比谁的桃子最多，比的是在最后的这段时间你能不能多摘几个桃子。最简单有效的方式就是遵循自己的"最近发展区"，保持适当的期待，并享受这种收获带来的成功感。

二、潜心每一步

其实我们经过将近一年的学习，现在的知识已经形成体系，就好比织出了一张大网。我们要做的，就是每天把网织得结实一些，50天后，你的网一定比现在严密。这个阶段，要重视短期目标的作用，让自己的每一天都有扎实的收获，我们可以以10天或者是一个星期为周期制定好目标，结合自己的实际情况，安排好复习节奏，切忌好高骛远。

某著名的钢索杂技演员在离地几十米的高空走钢索，没有任何安全保护措施，但他毫不畏惧，每战必胜。有人问他成功的决窍，他说："我走钢索时，从不想目的地，只想走钢索这一件事，专心致志走好每一步，不管得失。"要想获得成功，就应有这种心态。不要把问题想得太复杂和困难，也不要无端地给自己预设困难，要学会淡化高考的神圣感与高不可攀感，一步一步夯实基础，一步一步完善自己，着力自己成绩的增长点，潜心每一步。

接受焦虑才能缓解焦虑

文：刘本荣

自从进入高三，有些同学发现自己的身心状况发生了一些变化，有的会晚上睡不着，有的会坐立不安，有的一到考试前就满脸长痘痘或者头痛肚子痛，这些都是焦虑情绪的外在表现。人焦虑的时候，就容易不舒服。因此，大多数人都视焦虑如洪水猛兽，只想把它赶走，或者避开它。

一、焦虑真的有这么可怕吗

心理学研究表明，中等水平的焦虑是一种良性的学习动力，有助于更好地调动能量、提高效率，而过低或过高的焦虑水平对学习不利，两者呈倒U字形关系。焦虑本身并不是一件坏事情，它往往源于我们对于未发生事情的恐惧，如考试焦虑主要源于对考试失败后自我价值丧失、父母和老师批评等的恐惧。为了避免这些事情的发生，我们会加倍努力学习，焦虑成了我们学习的动力之一。但也有同学自暴自弃，如此发展下去，焦虑倒真的变得可怕了。因此，焦虑对我们的影响完全取决于我们对待焦虑的态度。

二、接受焦虑是缓解焦虑的第一步

面对很多同学如何缓解焦虑的疑问，可以用一个公式来解答：焦虑 × 抗拒 ＝ 痛苦。"抗拒"本身是要耗费大量心理能量的，在焦虑感极为强烈的时候，越是抗拒，越想赶走或躲开它，我们所耗费的心理能量就越多，伴随焦虑的困扰也越来越被放大。所以，从内心接受焦虑，是缓解焦虑的第一步。

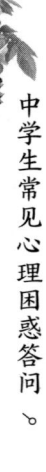

三、如何接受焦虑

首先要从观念上更新：焦虑是每天都发生在每个人身上的一种正常情绪表现。曾经有一个同学感叹："如果学习能像玩的时候一样轻松自在该多好啊！"这应该是很多同学的愿望。可实际上大部分人都很难做到，尤其是到了高三，高考之剑每天悬在头顶，还能镇静自若、一点儿也不担心害怕的人是很少的。你得承认你就是那种面对考试会有担心，面对失败会恐惧的"胆小鬼"，而且你周围的很多同学都和你一样。焦虑是正常的，因为我们都对自己有要求，我们渴望上进，渴望完美，害怕失败，执着于哪怕一丁点儿的成功。

那么焦虑来临时我们该如何做呢？焦虑往往伴随着一系列身心反应：心跳加快、呼吸急促、精神恍惚、烦躁不安、疲惫、肌肉紧张等。但每个人的反应并不完全一样。当焦虑来袭时，可以把自己当作一个研究对象，闭上眼睛，深呼吸（用腹式呼吸）几次，观察自己的身体反应，并揣摩心里的想法，无论有什么样的身体信号发出，无论有什么样的内心声音在争吵不休，你都只把自己当作一个旁观者，以一种充满兴趣和好奇的态度去迎接它，不要去想它们意味着什么，或者它们因何而出现，或者它们会出现多久，你只要深入去体会每一刻的感受即可。如果你从这些感受中有所偏离，要非常自然地把自己拉回，就好像你的目光只是被刚刚从流水上飞过的白鹭吸引过去，现在要把你的目光引回流动的河水上。尤其是有的同学每天都处于焦虑中，可以尝试每天花 15～20 分钟做以上练习，这也是大脑休息的一种方式。

时间都去哪儿了

文：刘方松

高三的每一天都是忙碌的，何以见得？见到西校的同学，你如果问他"高三过得怎么样？"，他们多半会不假思索地回答"忙啊！"。高三确实忙，有些同学即使熬夜到 12 点，作业也做不完，感到很迷茫，担心考不上大学；有些同学忙碌了两个月，感觉生活单调枯燥，开始花大把的时间"忙"着思考"我为什么学习"；有些同学上课碰到知识盲区或者感觉非常疲惫，就"忙"着走神，神游一段时间之后发现更听不懂了；有些同学碰到不会的题目就一直琢磨它，最后影响了作业的进度，把睡觉时间推迟到了凌晨2点；也有些同学到了周末或假期，之前的豪言壮语如"我要把没完成的作业补上""我要好好学习"都没有兑现，开学后又开始"忙"起来。我们不禁要问：忙忙碌碌的你真正的有效学习时间是多少？如何才能提高有效的学习时间？

一、不要逼迫自己学习

每个人读书都有自己兴奋和厌倦的时候，当你感到厌倦，学习效果很不好，需要逼迫自己看书，但是即使自己很努力也看不进去时，你就要适当休息，做一点你喜欢做的事情，比如换一门自己感兴趣的科目或者闭上眼睛进行冥想，不要去强迫自己。对于这种厌倦要有一颗平常心，轻松地对待它，适当休息后就会对学习重新产生兴趣。反之，如果在自己疲倦看不进书的时候，还在拼命地学，反而会让自己更加疲倦而失去学习的信心。

二、接受自己的不足

许多同学浪费时间、学习效率不高，是因为整天想自己的弱点，让自己失去信心。"无论如何努力，还是在班上排中下""我高一高二学习太努力，现在后劲不足，别人进步比我快多了！""我比他努力多了，怎么成绩比他差这么多！"如果你有这些想法，说明你有很强的上进心，希望达到更高的水平。要允许自己产生这种自责的想法，但是不能总是看到自己的不足。你可以更加积极地思考："我比以前努力多了，我相信今天的自己会比昨天棒！""这道题写错了，我今天把它揪出来找到了自己的知识盲区，高考就不会犯这种错误了。""尽自己最大的努力，若干年后回忆起来不会后悔当年没有努力过。"

三、别对自己要求过高

许多同学之所以不能有效地复习考试，主要是因为把自己的目标定得过高过远，忘了学习是一个循序渐进的过程，总想去摘那些高高在上的果子，一旦够不着，就只剩下自责和分心。而擅于学习的人，他们会思考现在如何吃到刚刚能够着的果子，合理地评估高度和角度，不断往上跳，而不去自责和幻想，把所有时间和精力都用在实现适宜的目标上。

四、对时间的利用要具体而实际

有些同学对时间和效率有一种误解，认为只有大块的完整时间才能好好复习。他们被动地等待这种时间，而这种时间却不多。实际上，时间就在你眼前，往往那些

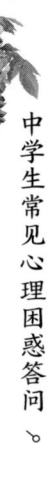

"立刻行动"的学生最会利用时间。比如走在路上时，在公交车上时，在地铁上时，在饭堂排队时，他们会利用这些零碎时间做一些对考试有利的事情。只有行动起来，才没有时间焦虑。

阶段考之后如何归因

文：刘本荣

有这样一个故事：

在上次考试中，同学小A和小B这对好朋友都考了出人意料的成绩，以前他们总是勉强及格，而这次平均成绩居然都在80分左右。老师表扬了他们，说这是他们努力学习的结果，号召大家向他俩学习。

小A觉得老师说得有道理，能取得这样的成绩，的确是与自己最近的努力分不开的。他甚至后悔自己以前太贪玩，耽误了学习。如果早就刻苦、用功，学习成绩肯定不是现在这个样子。他下定决心，以后一定要更加努力。

但是，小B却和小A的观点不一样。他觉得自己这次之所以考得比以前好，纯粹是因为题目容易，考的恰巧是自己复习过的内容。努力能起多大作用呢？自己智商就这么高，再努力也是枉然。

一个月之后的考试，两人的成绩拉开了距离：小A继续保持了上次考试的名次，并且还有上升的势头，而小B却跌回了原来的水平，各门功课勉强及格。

两人成绩的变化是偶然的还是与他们对自己上次成绩的解释之间存在着某种必然的联系？

根据心理学中的归因理论，我们对成败原因的主观解释，往往比真实的原因更能影响我们的情绪和行为。考试之后，我们可能会做出以下归因：

"这次考得还可以，看来这两个月的努力没有白费。"

"考得太出乎我意料了，看来这次运气真是好啊。"

"这次考得太差了，考试题目出得真的有些难，比上次难多了，高考有这么难吗？"

"这次竟然考得还不错，那是因为我向来自学能力都是很强的。"

"这次化学又考砸了，看来这个老师的讲课方式我真没法儿适应，还是我以前的化学老师讲得好。"

根据美国心理学家韦纳的归因理论，我们可以从三个角度来考虑自己对成败的归因，第一个角度是这个因素是自身的还是外部环境的，即内外因；第二个角度是这个因素是否是自身可以控制的，分为可控的和不可控的，如我们的努力程度可控、运气好坏不可控；第三个角度是这个因素是稳定的还是变化的。具体见下表不同类别的归因会直接影响我们考试之后的情绪状态，影响对下一次考试的预期，影响接下来的努力状态。

韦纳归因理论

归因类别	成败归因维度					
	因素来源		可控性		稳定性	
	内因	外因	可控	不可控	稳定	不稳定
能力	√			√	√	
努力	√		√			√
任务难度		√		√		√
运气		√		√		√
身心状态	√			√		√
其他						

	成功	失败
内部原因	满意和自豪	内疚和无助
外部原因	惊奇和感激	气愤和敌意
稳定因素	提高积极性	降低积极性
不稳定因素	提高或降低积极性	可能提高积极性

心理学家研究表明，成绩考得好时归因于自身能力强、自身比较努力，考得不好时归因于自己不够努力，都可以让自己对学习更有信心，也更有学习动力，更愿意加倍付出，从而改善成绩。相反，成绩考得好时归因于一些外在的、不可控的因素，如运气好、题目容易等，成绩考得不好时也归因于一些自己无法控制的因素，如运气不好、题目太难、老师教得不好、自己天生能力不够等，就会感觉自己的成绩进步并不由自己控制，自己的努力并不起什么作用，从而容易自暴自弃，放弃努力，成绩也很难得到持续改善。

想想你这几天的体验和行为，你惯有的归因方式都给你带来了什么影响呢？要知道任何考试成绩都不仅仅是某一种因素导致的，归因理论告诉我们：在进行考试分析时，可以选择从自己可以控制的因素找原因，这样更利于我们接下来的学习。阶段考不是高考，不是高三的终点，是选择归因于不可以控制的因素而自怨自艾，浪费时间和精力，还是选择归因于可以控制的因素，一点点改进，完全取决于你自己。

合理利用自我暗示

文：刘本荣

有这样一个故事：动物园的大象被拴在一个不大的木桩上，凭它的力气，完全可以拔掉木桩跑掉。有人问："为什么它不跑呢？"动物园的饲养员解释道："这头大象从小就拴在这个木桩子上，由于当时力气小，它跑一次，跑不了，再试一次，还是跑不了，就这样多次失败、多次暗示，它的潜意识接受了'拴在木桩上跑不了'这个信息。从此以后，只要一把它拴在木桩上，它就认为跑不了了，不管它长成多大、力气有多大，反正拴在木桩上就是跑不了，也不会再去做任何尝试。"

尽管我们不是大象，但是也许很多人并没有意识到，自己也一直在用一种消极的自我暗示给自己设置了这么一个木桩，让自己无法逃脱。比如，我们经常听到有同学说"我今天作业又做不完了""今天睡不好明天肯定没精神"等。这种无意识的自我暗示甚至每天都在发生，但并没有引起我们的注意。如果让这些同学对自己进行积极的自我暗示，他们又很容易怀疑：自我暗示真的有用吗？

其实无论是消极还是积极的自我暗示，发挥作用的心理机制都是一样的，都是通过作用于我们的潜意识来影响我们的情绪或行为。消极暗示会极大地阻碍和限制我们的行为，而合理地利用积极的自我暗示，可以拓展甚至改变我们的行为。以下从两个方面列举了积极自我暗示的作用，供大家参考：

（1）利用自我暗示进行自我激励。

人需要不断地自我激励才能最大限度地发挥潜能。心理学家告诉我们，一个没有受到激励的人，仅能发挥其能力的20%～30%，一旦他受到激励，其能力可以发挥到80%～90%，相当于激励前的3～4倍。发展自己需要自觉的自我激励。不断设定并达到目标是最有效的激励。这个目标不需要太大，而是一些很具体的、自己努力就能够得着的小目标，并告诉自己我今天肯定能实现这个小目标，如"我今天一定能背完 50 个单词"，而不是"我今天又没法完成作业了"。

（2）利用自我暗示缓解情绪。

现在，你的桌子上是否堆满了各种试卷和习题？这种堆积如山的试卷和习题无形中营造了一种紧张的氛围。当然，高三需要一定程度的紧张来提高学习的动力，但同样也需要一个放松的时间和空间，让焦虑的情绪得到暂时性的缓解，并积蓄继续前行的能量。想一想，在你的生活中有没有一些你喜欢的照片、图片、明信片（最好是风景图片），让你一看到它们就非常愉悦、平静？把它们放在书桌上、抽屉里或床头，每天看着它们3～5分钟，并告诉自己：今天我的心情很愉悦，我会度过充实而愉悦的一天。这3～5分钟就是属于你的放松时间，在这几分钟里，别着急，什么也别想，只是尽情地感受它，想象自己置身其中，长期坚持下来，也许某一次，你会发现你不用看到5分钟，看一眼就足够让你平静下来。这是因为你已经利用积极的自我暗示在它和你的愉悦情绪之间建立了一个稳固的条件反射机制。

积极的自我暗示还可以运用在很多地方，如改善睡眠、提高做题效率等。最关键的是一定要去尝试、执行。另外，在进行自我暗示时还要注意以下规律：

（1）暗示要经常重复。

经常重复一种想法就会使之变成一种信念，进而坚信不移。一句话反复重复，一个表情反复重复，就会在你的潜意识中输入一个"程序"。因此，要养成一个良好的习惯，就要掌握这一规律，那就是不断重复暗示。

（2）不要用消极、否定的词语，要用肯定并带有积极感受的词语。

自我暗示只有被我们的潜意识接受，我们才会真正相信它。人的潜意识无法识别否定词语，如"不""没有"等，而最能接受带有强烈情感和感受的语言，如说"我今天上课一定不能睡觉"就不如"我今天上课一定会精力充沛、身心愉悦"有效。

（3）在进行自我暗示的同时要进行充分的想象。

潜意识主要由意象（如图像）组成。当我们进行自我暗示时，要充分地进行相关的想象，脑海里要浮现出一幅幅形象的图画，潜意识才可能接受自我暗示。比如，在暗示"今天上课我一定精力充沛、身心愉悦"时，脑海里可以想象自己这样表现的画面，并经常重复这一画面。

接受小插曲，经营好主旋律

文：刘本荣

同学1：老师，高三时间这么紧张，可我还在为这点儿小事儿而烦恼，怎么办啊？

同学2：老师，有没有什么办法增强我的心理素质，能让我不被周围环境所影响呢？

老师、父母和你自己都希望能有一个完美的学习环境以保持好的学习状态，但是你会发现"真空"的环境是没有的，小插曲总会有。比如，最近班上有同学感冒了，老咳嗽，那间歇的咳嗽声总是会打断你的思绪；今天有一个同学拉肚子，一个晚自习跑好几趟厕所，门被他开了又关，关了又开，偏偏你又坐在门口；今天一早被数学老师提问，没有答上来，老师叮嘱下次一定要预习，但你感觉无比丢脸，几天都不想上数学课；等等。面对这些小插曲，当时会有些不舒服，或愤怒，或厌恶，或烦恼，或悔恨。对于有些同学来说，这种不舒服的感觉停留一会儿就走了，可对于另外一些同学来说，它就像洪水猛兽，赶也赶不走，影响一整堂课或一个晚修的学习，有的同学甚至会被困扰好几天。

想想这些小插曲让我们烦恼不断的过程：

小事儿发生了——为此而烦恼（花了几分钟）——为烦恼浪费了时间而悔恨（又花了几分钟）——为悔恨而焦虑（又花了一些时间）……

当面临这些情况时，我们可以通过以下方法来调整自己的状态。

一、接受小插曲，斩断消极情绪链

可以看出，上述过程是一个恶性循环。其实，这些小事情带来一些烦恼情绪是很正常的，但往往因为对烦恼的过度焦虑增加了为小事情而烦恼的程度。因此，认清这一点之后，我们首先要做的就是接受这个客观事实：情绪总有起伏的时候，因为一些你不希望出现的小插曲而烦恼再正常不过了。这样就可以把你的烦恼止于上述链条的第二个环节。

接下来，我们再来看看第二个环节。为什么这样的小事情会让我们非常烦恼呢？也许是你太迫切地想要控制周围所有的因素来为当前你认为最重要的事情——复习备考服务。但你又不得不承认：我们没有权利和能力让所有人或事都按照你的意愿来发展，有一些因素是我们无法控制的。对于这些因素，采取接受的态度是最好的办法。接受，意味着不抱有不合理的期待，那么你的心情就会平静许多。你在意这些小插曲或许是大脑潜意识对自己的提醒：你最近有些紧张，需要一些休息。这时不妨放松下自己。

二、高效经营主旋律

其实，你之所以这么在意小插曲，只是因为太在意主旋律——学习。你想要自己不受打扰是为了更加高效地学习。不能高效地学习才是你焦虑的根本原因。如何高效地学习？很重要的一点就是要制订一个有弹性的学习计划，在有限的时间内安排明确的、具体的、通过一定的努力就能完成的学习任务。

明确具体的计划类似"我这一个小时要完成三道数学大题"；而泛泛的计划是"我这一个小时复习数学"。前一种计划方案不仅高效而且有弹性，它可以让我们更加自如地安排学习进程，这一个小时最重要的就是要完成规定的任务，在有余力的情况下可以做点别的，在有意外情况时也可以应付。而后一种计划方案意味着你有可能这一个小时都盯着数学，但只是制造了一种虚幻的"我在学习"的状态，并自我安慰"我没有浪费时间"，实际上很容易因为目的不明确而分散注意力。而且一旦有意外情况发生，就会导致你分心，焦虑就很容易产生。

在准备复习的过程中，小插曲和主旋律形影不离，它们之间并不冲突和矛盾，这构成了我们真实完整的高三生活。

关注当下，积极思考

文：郭明珠

一、关注当下

高考临近，有些同学很淡定，觉得"都这个时候了，就只能这样了"；有些同学比较情绪化，觉得"天气这么热，不知道我会不会受到影响"；有些同学感觉到失落，会想到"考试一结束，高三就结束了，不想跟同学分开"……每个人的心态都不一样，在离高考还有十多天的时间里，建议大家放下所有的思想包袱，放下对过去没有拼尽全力的后悔，以及对前途的担心与害怕，把自己调整到活在当下的状态。现在只考虑一个问题，就是我能为即将到来的高考做什么有益的事情，也许是每天的一句"我能行，没问题"，或者是睡一个好觉，或者是每天阅读一些美文，或者是最简单的"我只需要跟平常一样复习"。

为更好地做到这一点，介绍一个比较简单有效的"活在当下"自我确认的方法。首先在一个自己感觉相对舒适的环境中，闭上眼睛，用深呼吸的方式让自己慢慢放松下来，然后想象自己站在时光隧道里，前方是未来，后方是过去。你转过身，面对自己已经走过的时光，心里默念："不管曾经发生过什么，它都已经成为过去，从现在开始，我只属于当下的我。"接着你用一道坚固的铁门，把属于你的过去封存起来。然后再次转过身，面对你的未来，心里默念："不管未来将发生什么，它都还没有来到，与现在的我无关，从现在开始，我只属于当下的我。"接着请你再用一道坚固的铁门，把属于你的未来挡在外面。在确认这两道门已经建好，你只属于当下的你以后，就可以结束。

二、把信心带给自己

西方有句谚语"Positive thinking is half the work"，翻译过来就是"积极的思考是成功的一半"。当我们抱着积极的心态时，就已经成功了一半。到了这个阶段才担心，是完全没有必要的，因为担心也是没有用的，倒不如给自己一些信心和积极的想法。

以下介绍几种积极的想法：

（1）我是很优秀的，一定会成功！

（2）我越努力，我的运气越好！

（3）困难意味着机会！

（4）无论在考场上出现什么情况，我都一定有办法解决。

最后祝大家取得好成绩！

消极情绪背后的不合理观念

文：刘本荣

"这次要是再退步，我就彻底没救了。"

"只有一百多天了，可是我没有任何进步。"

"我一点儿进步也没有，可是爸爸妈妈却不责备我，还安慰我，一想到这个我越发觉得对不起他们。"

眼看四校联考就要到了，很多同学开始感觉到了恐慌，出现了以上的一些想法。尤其是经过前面几次考试，有些同学感觉虽然自己一直非常努力，但是进步不大，甚至没有进步、一直退步，更是焦虑。在这种恐慌的情绪中，很多同学乱了阵脚，尤其是看到其他干劲儿十足的同学，开始盲目地去模仿他人的学习方法，甚至要和别人在同样的时间里做同样的事情心中才能安定，导致自己制订的学习计划完全被打乱了，失去了方向。

当然，在意自己的成绩，在对它不满意时有一定的焦虑是非常正常的。但很多同学的这种恐慌焦虑情绪却源于一些不合理的观念。

（1）糟糕至极。如认为"要是再考差了，我就没办法了""要是这次考试再紧张，我就没希望了"。在这种观念里，只要一件不如意的事情发生了，必定会非常可怕、非常糟糕、非常不幸。实际上，对任何一件事情来说，都有可能发生更好的情形，没有任何一件事情可以定义为是百分之百糟透了的，或是毫无办法应对的，糟糕至极的情形往往都是我们想象出来的。

（2）过于概括化。如认为"我又考差了，我真笨""今天老师上课批评我了，看来我就是一个不讨人喜欢的人"。这是一种过于概括化的片面思维方式，完全以自己考试成绩是否理想或某一次表现是否良好来评价自己，断定自身的价值。

（3）过于绝对化。如认为"我必须每次都有进步，才是有希望的""我只有成绩好，老师同学才会喜欢我，才对得起爸爸妈妈""我必须使每个人都喜欢我""我必须是最优秀的""我绝对不能输"等。这种过于绝对化、极端的认知观念，只是从自己的意愿出发，而丝毫不考虑客观现实，认为某些事物或人"必定""一定""应该"怎样。但实际上这往往是我们过于追求完美和苛求自己的表现。

（4）选择性提取。如认为"我的排名一直在后退，我这几个月的努力算是白费了"，这种思维观念仅考虑个别细节或部分而不顾及其他信息，草率地对某种事物做出片面的结论和判断。也许某些科目成绩在上升，可是沉浸在排名总是后退的焦虑情绪中，就无法对自己的学习状态做一个客观完整的判断。

当糟糕的事情发生时，有适当的恐慌和焦虑是很正常的，这些情绪可以促使我们进一步查漏补缺、不断改进。但当我们坚持这些不合理的观念时，反而会对自己有一个消极暗示，加重自己的焦虑，并容易产生失败感和挫折感，导致失落、自责或忧郁等情绪。而当我们一直沉浸在这种恐惧或忧伤情绪中时，思维很容易受限，会有意无意忽略这些情绪背后认知观念的荒谬与不合理性。由此，陷入了一种恶性循环。这是值得我们警惕的一种状态。

因此，当我们恐慌时，除了去接纳这种情绪以外，还可以把自己这种情绪背后的认知观念写下来，看它是否具有以上这些不合理的特点，并去和自己辩论，如"你有什么证据能证明你自己的这一观点？""是否别人都可以有失败的记录，而你却不能有？""是否别人都应该照你想的那样去做？""你有什么理由要求事物按你所想的那样发生？"等等。一旦发现它确实非常不合理，请立刻摒弃它，下次再出现时，翻出你的自我辩论记录看一看，让自己更快地回到行动上。

把握好从量变到质变的关键期

文：郭明珠

距离高考还有不到 80 天的时间里，我们应该用什么样的心态去度过呢？倒计时总会给人一种错觉，有些同学看到 80 天这个数字，就觉得时间好少。但细细想想，其实 80 天意味着高三还剩下约 1/4 的时间，这段时间不短也很有分量。把高三的时间分为 4 段，每段都有不同的作用，我们现在就处在一个非常重要的时期——突破期。突破期意味着如果我们的方法和心态得当，会有一个非常好的变化。

预热期	积累期	梳理期	突破期
1/4	2/4	3/4	4/4

一、重视学习思维方式，寻求质变点

有人说现在离高考只有不到 3 个月的时间，努力还来不来得及。其实到了这个时候，经过第一轮地毯式的复习，大部分同学对高考要求的基础知识掌握得都差不多，但得分总是无法突破，很大的原因可能不是做题经验不足，而是思维方式暂时没有到位，造成知识点理解的偏差。

这个时候一定要在复习中把自己的主观能动性调动起来，不是被动地复习，而是主动地有针对性地思考并解决问题。如，你可以问问老师，也可以和同学互相交流，拿着做过的题，带着理解的目的去翻课本。看到每个问题时，脑中立刻能明白出题老师想考你什么，需要你掌握什么知识，比如看到数学大题时，脑中想到的不仅是这道题的解决方法，还要想到这类题型的解题思路。大家应该都有过这种情况：做数学题时，有些问题刚开始时觉得它很难，看到答案后才恍然大悟，原来这些问题并不难，只不过当时思路卡住了。为何会出现这种情况？就是思路不清晰，没把握好做题的要点。

平时多揣测出题用意，多交换做题思路，多挖掘解题过程的共性，就能形成一定的做题模式和方法。知识点大家都会，分数高低的突破点就在理解和综合运用上。

二、不急躁，从现在开始全力以赴

问大家一个问题，态度占成功的比率是多少？也许有人会说50%，也许有人会说90%，事实是没有全力以赴的人，很难实现自己的梦想。如果你想实现自己的梦想，请开始全力以赴。往前跑，距离就会越来越小，这个时候，和别人比，已经没有任何意义，超越自己，才是真正的王道。

态度决定一切。态度表现在你每天起床时的积极心态，表现在你遇到难题时不放弃的坚持，表现在你暂时失利时坚强站起来的洒脱，表现在你获得成功后的谦逊，表现在你所思所想所做的每一个瞬间。

三、要有信心，最后其实是心理加分段

突破期能不能取得进步，很大程度上取决于一个人是否有信心。有些一直很努力的同学，前期成绩却没有增长，到了这个阶段，可能会产生"我就是这个样子了"的放弃心理；或者有些同学随着高考的临近，整天担心高考考不好、浪费时间，担忧也许并不存在的问题。

可以将高三复习的心理阶段分为三段，那就是："你不知道你不行""你知道你不行""你不知道你行"。其实，复习越到后面准备越充分，而自己可能还没有意识到自己的实力已经变强了。往届很多同学在这个复习的最后阶段成绩都取得了很大的飞跃，究其原因，就是他们一直饱含信心，相信自己是可以的。

所以，请大家带着最初的激情和持续的信心，拼搏到最后！

突破高原现象

文：郭明珠

每年二轮复习之后往往是高三学生的心理"高原期"，这个阶段成绩不稳定、没有突破、努力了也看不到成绩，很容易让同学们心灰意冷、手忙脚乱。每个同学"高原期"所持续的时间长短不一。心理学表明，人在复杂技能形成的过程中，练习到一定时期会出现练习成绩暂时停滞不前的情况，在练习曲线上出现近于平缓甚至下降的一部分线段，这就是"高原现象"。面对这种情况，我们要尝试做到以下几点。

一、"高原现象"是普遍的，保持心理平衡

学习的高原期是同学们学习过程中必须经过的阶段之一，"高原现象"只是一种暂时停滞现象，是可以突破的。并且在突破以后，可以让自己的水平达到新的境界。

二、保持稳定的作息时间，不轻易更改作息时间

高考当前，有压力是正常的。不要让这种压力造成自己作息紊乱。有的同学听到别人睡觉时间晚，不免担忧"我就这样睡了，别人还在努力呢"；有的同学睡觉时间晚，便开始担忧"我睡这么晚，明天会不会受影响"。保持适合自己的作息，避免与别人比较产生新的焦虑。

三、张弛有度，劳逸结合

每个人都有累的时候，不要强迫自己在疲惫的状态下学习，可以伸伸懒腰或者到外面看看风景，试着让自己休息一下。课间适当的放松，如课后跑跑步、做做操、听听音乐等，不仅可以加速血液循环，改善内环境，尽快恢复大脑的正常工作能力，而且能使疲劳的机体得到放松，恢复活力。通常，合理的时间安排是每学习1小时休息5～10分钟。尤其在高原期时，更要注意张弛有度、劳逸结合。

四、根据目录做系统的查缺补漏，不能仅仅根据考试成绩来查漏补缺

查漏补缺是学习的重要环节，我们要做到有计划地根据书本目录查漏补缺。处于

高原期的学生很容易根据考试情况查漏补缺，而此阶段考试相当多，每天几考，一味跟着考试成绩查漏补缺会影响自己的复习心情，影响学习效率。

五、分析知识之间的关联，增强知识的关联性和系统性

高三复习内容多、强度大，将知识图像化印在脑海中，建立知识之间的关联，有助于加深理解，形成属于自己的知识网络。在考试时，提取相关知识会更容易。

六、保持"瓦伦达心态"，注重应考的过程

人们把专注于做好眼前每一件事、不考虑得失、不患得患失的心态称为瓦伦达心态。瓦伦达是一位著名的钢索杂技演员，他说："我走钢索时，从不想目的地，只想着走钢索这一件事，专心致志地走好每一步，不管得失。"所以他一直走得很好，除了最后一次。事后，他太太回想时表示，她知道这一次他一定会出差错，因为他不断地说："这次只许成功，不许失败。"他有了患得患失之心，太在意事情的结果，而难以集中注意力于完成事情的过程。瓦伦达式的悲剧其实也常在同学们身上出现。在大考前，不少同学把过多的注意力放在考试的结果上，告诉自己"这次一定要考好""一定要上多少分""一定要上某个大学""一定不能让父母失望"，这太多的"一定"，轻者使得自己整天胡思乱想、心浮气躁，重者造成严重的紧张、焦虑情绪，在考试中一遇到难题就心慌，手出汗，头脑出现空白，导致考场发挥失常。

如何调节备考状态

文：刘本荣

越是临近高考，有的同学越是无法心情平静，于是看不进书，做不进题，休息不好，上课没精神，考试时烦躁，甚至不想学习。情绪是一个人精神状态的信号，可以借助这个信号觉察自己真正的想法，这样才有可能从认知上消除这个想法或者解决某个问题。我们可以从以下几个方面去发觉自己的内心想法，从而进行调整。

一、问问自己：自己是否过度焦虑

"糟糕"的状态出现时，无论是你还是家长都不要过分紧张，如有的同学会想，

"要是接下来的几十天,我都是这样的状态该怎么办呀",这实在是一个不必要的担忧,因为人的情绪状态总是在不断变化的,回想这两百多天你的情绪变化,用你的经验告诉自己,再糟糕的状态都会过去的,而你的过度关注只会让它缠绕着你。而且,过度焦虑会让我们在行动上倦怠。对自己精神状态的过度要求只会适得其反,让自己越来越紧张。

二、问问自己:是否是一种自我妨碍

有时候因为要求太高,自己感觉几乎达不到(如希望最后几十天可以突飞猛进前进两百名),所以干脆放弃努力,这样即使最后结果不好也不是因为自己能力不行,而是自己状态不好,努力不够,这在心理学上也被称为自我妨碍,是高自尊尤其是完美主义者本能地采用的一种保护自我的方式。表面上看起来是破罐子破摔,是自我毁坏,实际上是一种自我保护,只不过你想要保护的自我是一种过于理想、不切实际的形象。任何美好的形象都来自一点点地改善,也许你可以适当把自己的高要求进行分解,一点点地突破,这个努力的过程已经足以证明你是非常了不起的。

三、问问自己:是不是只是在给自己施加压力,而忘了挖掘自己内在的动力

有的同学之所以现在紧张焦虑,大部分都是因为对高考结果不确定性的担心。这两百多天里,高考如悬顶之剑,督促着我们不可松懈,有些同学会认为自己这么多天的辛苦学习必须得到一个理想结果。但当我们完全钻进这个想法里时,很容易一叶障目,不见泰山,我们的思维和情绪都完全受限了,我们这三百多天的应考日子里的喜乐忧愁都由一个结果来决定,这实际上是过度夸大了高考对我们生活的影响。高考很重要,但不要让它成为你学习的唯一动力。

有一个心理学家曾讲述了这样一个故事:有一群孩子在一位老人家门前嬉闹,叫声连天。几天过去,老人难以忍受。于是,他出来给了每个孩子10美分,对他们说:"你们让这儿变得很热闹,我觉得自己年轻了不少,这点钱表示谢意。"孩子们很高兴,第二天仍然来了,一如既往地嬉闹。老人再出来,给了每个孩子5美分,孩子们仍然兴高采烈地走了。第三天,老人只给了每个孩子2美分,孩子们勃然大怒:"一天才2美分,知不知道我们多辛苦!"他们向老人发誓,他们再也不会为他玩了!

在这个故事中,老人的方法很简单,他将孩子们的内部动机"为自己快乐而玩"变成了外部动机"为得到美分而玩",而他操纵着美分这个外部因素,所以也操纵了孩子们的行为。

如果我们让高考完全操纵了我们的行为，那么就很容易倦怠，而且必须有强大的意志力才能坚持不停歇，否则谁也无法保证自己一直能持续不断地努力。所以才会有同学反映："老师，我也知道高考很重要，但是我现在想动就是动不起来。"这是很正常的，科学研究已经表明只有学习本身带来的乐趣才可能成为学习永不枯竭的动力。

能熟练地掌握知识，并能深度思考，还能举一反三地应用，对试题得心应手、了熟于心，这种情况会给自己带来愉悦，这就是学习本身的乐趣，每个人都有能力感受到。但当我们只赋予学习以功利性目的时，我们就很容易忘记它。

试着静下心来，尝试从每一个知识点、每一个小题目中去找学习本身带来的乐趣，为自己加油，而不只是施加压力。要知道，只有坚持内部动机为主（如学习本身带给你的乐趣）、外部动机（如高考带来的好结果）为辅，并将二者结合起来，才可以激发我们最大的潜力。

考前心理调适方法

文：郭明珠

"面对考试只有我紧张，别人都很轻松"，这种观点是错误的。事实上，适度的紧张可以提高人的注意力，让我们更能专注于考试本身。

在考场上要能正常发挥或超常发挥，有三个条件：第一个是在实力层面上，具有一定的学习能力，能够掌握考试的内容；第二个是在技术层面上，有考试的经验、考试的技巧，这一点在高三一次次的大考小考中，我们会不断积累；第三个是在心理层面上，也是高难度的层面，能产生"我能行，我能考得好"的信念。下面介绍呼吸放松、积极自我暗示、专注当下三种心理调适的方法，让我们提前调整好考试心态。

一、呼吸放松

（1）深呼吸。深呼吸不仅能促进人体与外界的氧气交换，还能使人心跳减缓，血压降低。通过深呼吸，我们能够保持相对平静的状态，这是自我放松最好的方法之一。可以在任何时候练习深呼吸，并不一定是在承受压力时才进行。如上学路上、每

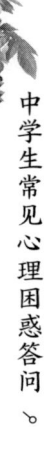

餐之前、运动的时候。

怎样的呼吸才是深呼吸呢？深呼吸不同于一般的浅层呼吸，是一种腹式呼吸。深吸气时，先使腹部扩张，达到极限后，屏气几秒钟；呼气时，先放松胸部，再放松腹部，尽量排出肺内气体。反复进行吸气、呼气，可以每次练习3～5分钟。

（2）数呼吸次数。数呼吸次数是一种比较便捷的呼吸放松方法。我们紧张的时候，往往不能够专注当下，那么可以通过数自己的呼吸次数来帮助自己回到一个专注的状态。专注于自己吸气时候的身体感觉和呼气时候的身体感觉，保持与自己身体对话的状态。闭上眼睛，开始呼吸，当数到21次的时候（一呼一吸为一次），你会发现自己放松下来了。

（3）6秒钟放松心情。6秒钟放松法因其所需要的时间很短，只要6秒钟而得名。其方法是：在能够抓住的任何空余时间里（哪怕就只有6秒钟），什么也不要想，赶紧收紧自己的腹部，收拢下巴，扭动身子，打个哈欠。只要能把这几个动作连贯起来做，就能达到自我放松的效果。这个过程只需6秒种就能完成，如果能天天坚持，将它当成日常功课来做，形成习惯，那么考前紧张心理就可以得到缓解。

二、积极自我暗示

自信与不安有两个特点：第一，自信决非固定不变的东西，同一个人也会因为时间与状况的不同，而呈现"充满自信"与"毫无自信"的状态；第二，自信与不安完全是主观的个人感受，而不是客观的东西。换句话说，如果一个人受到自己或他人的积极暗示，主观感受就是积极的，可以引发自信。

进行积极的自我暗示有很多办法，如在走路时注意做到挺胸抬头、步伐稍快，这是一种行为上的自我暗示。在心理学上，挺胸抬头、步伐稍快对提高自信有暗示作用，在心理上可以无意识地建立信心。这里教大家一个秘诀，就是可以回忆一下在你以往考试顺利的时候都有什么出现或者发生，比如发现只要有蓝色出现，考试一般比较容易得高分，平时就注意把蓝色和考试顺利联系在一起，到考试的时候，一起床出门就看看天空，如果是阴天也没关系，你在路上肯定可以看到蓝色，如蓝色的衣服、蓝色的笔等，那样内心就会变得很安定、平静。

三、专注当下

当我们全身心专注于某一件事情的时候，我们也会感觉到很放松，在这里介绍一种有趣的专注当下的方式——巧克力禅修。首先，我们需要挑选一块巧克力，可以是你以前从未品尝过的，也可以是你最近没有吃过的，要选择一种你平时不吃的或者很少吃的。然后，进入训练：（1）打开包装。尽情享受巧克力的芳香。让香气弥漫你的整个身心。（2）掰下一块，然后仔细端详。要让你的眼睛观察它的每一个特征，琢磨它每一个凹凸不平的纹理。（3）放入嘴中。看看是否可以让它留在舌尖上，慢慢融化，留意你每次想要吮吸它的欲望。当我们花点时间而不是匆忙地吃下一块巧克力时，就会获得一种专注的感觉。

还可以选择一件你一天之中经常做的事情，然后尝试在随后几天中将巧克力思想融入其中，观察是否能集中注意力。可以选择任何活动，如刷牙、排队、洗衣服、吃饭等。

稳步前行，迎接高考

文：郭明珠

高考临近，最后这十几天似乎做什么都不够。但转念一想，它无非就是高三数百场考试中的最后一场而已。经过这么多天的努力和这么多场的磨炼，相信每个人都有足够的能力应对高考。那么最后这十几天我们还可以做些什么来让我们的实力和应考经验在高考考场上尽可能地发挥出来呢？可以尝试从以下"三个稳定"入手。

一、稳定作息

有些同学之前为了争分夺秒地学习，每天都在透支自己的休息时间，导致自己很疲惫，白天效率低下。那么这半个月，调节好自己的生物钟，保证充足、良好的睡眠，找到一个适合自己的作息节奏，就是最需要做的事情。在调整的过程中，可能会出现躺在床上也难以入睡的状态，但即使如此，也要静静地闭目养神，这也是一种休息。最重要的是要让自己的身体适应高考时的休息节奏，保证在考试时间段里自己是精力充沛的。有的同学可能会担心高考时晚上失眠，那么一定要抱定两个信念：（1）在重大事件发生的前夕，出现难以入眠的情形符合常理，要以顺其自然的心态静卧养神；（2）人具有极大潜能，一晚的少睡，只要有毅力，第二天进入考场，思想高度集中后，完全可以正常考试。很多人的经历都证明，失眠并不会影响考试正常发挥。

二、稳定情绪

想想有哪些方法可以让自己在这个阶段保持平静愉悦的心情。如每天打半个小时的篮球，每天和好友一起聊会儿天，每天听轻音乐10分钟，等等。我们可以根据自己的状况选择每天花适当的时间做一件让自己心情愉悦的事情。最简单的莫过于每天给自己一些积极的想法。西方国家有句谚语是"Positive thinking is half the work"，翻译过来就是"积极的思考是成功的一半"，当我们抱着积极想法时，就已经成功了一半。要知道在这个阶段，担忧对实际情况并不能起到什么作用，所以不如每天在心里默念或者写下一些鼓励自己的话，如"我已经努力了三百多天，努力一定会有收获的""我精力充沛，保持好心情，一定可以正常发挥""高考就是一场比较重要的平常考试，我都考了几十场了，完全有经验应对这样的一次考试"等。

三、稳定学习计划

这段时间，大家主要是自主复习，这个时间段就不要再与其他人比较了，而是根据自己的情况为最后这些天制订一个系统的学习计划，这个计划要保证每天稍微努力就可以完成，让自己有些成就感和满足感，避免任务过重无法完成而产生挫败感，也避免任务过于闲散让自己感到茫然和焦虑。一旦制订好一个适合自己的计划后，就要按部就班地坚持下去。保持这种节奏感也是稳定情绪的一种方式。

第十一章 如何幸福生活

看到生命之拥有

文：张悦昕

近日一部老电影《阳光小美女》偶然进入我的视线，影片从开始的争吵让人乏味到后来温情脉脉的转变，让我感触颇深。但让我印象最深刻的还是其中这样一个片段：影片中成天推销成功学的爸爸当听到自己关于"成功九部曲"一书无法出版的消息时，感到非常沮丧，他无法接受自己是个"失败者"。此时，爷爷对他说："不管发生了什么，你试着开拓自己的事业已经比大多数人强多了，这其中也包括我自己，你肯冒险，很有勇气，我为你骄傲！"在这里，爷爷看到了爸爸身上所拥有的正向因子，并及时点出，给了爸爸很大的安慰。

知觉到自己所拥有的，常常能给我们以继续前行的力量。但在生活中，我们常常不太容易看到自己所拥有的，我们更容易看到的是自己所没有的，以及他人所拥有的。

这让我想起了在我生命中所遇到过的一些特别的学生。有些同学学习成绩优异，有些同学多才多艺，有些同学是班级或社团的干部，等等，但这些在我看来都有着诸多优点的学生无一例外都对自己有着这样或那样的不满意。不满意自己的成绩，觉得不够好；不满意自己的长相，觉得别人更漂亮；不满意自己的能力，觉得自己做不到；不满意自己的平凡，觉得常常被人忽略。他们挂在嘴边的口头禅是——虽然（正向内容）……但是（负向内容）……：虽然我的物理考得好，但是我的数学没考好；虽然我能歌善舞，但是我学业成绩不好；虽然我在社团干得风生水起，但是我常常无法平衡学业与社团；虽然我认识很多人，但是有人认识的人比我还要多……当我们习惯于对"拥有"视而不见或将其当作理所当然时，我们很容易变得沮丧，甚至对生活

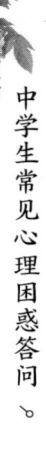

失去信心。

可能有人会提出疑问:"难道我要对自己的不足视而不见吗?"当然不是。当我们在面对生活中的负向事件时,常常有两种应对方式:一种方式是直接对负向部分进行工作,专注于问题的解决;另一种方式是在接纳负向部分的同时,对事件的正向部分进行工作,从而达到将负向部分的影响逐渐缩小的目的。两种方式都是可行的,但第二种方式会让我们在应对问题时更有力量感,因为在这个过程中,你看到了生命之拥有,你对你的生活进行了重新建构,你知道"虽然生活中有这样或那样的不如意,但是我有这样或那样的资源或优势;虽然生活给了我一巴掌,但至少我还在坚持",也即是虽然(负向内容)……但是(正向内容)……的模式。

不过,看到生命之拥有并不意味着要颠覆既有认知,不是简单的负向转正向的思维过程,而是一个扩展知觉的过程。不是说当你觉得自己很笨的时候,要强行去认为自己其实很聪明,而是要去思考"也许我并不聪明,但起码我有尝试些什么,至少我已做到了哪些,当我这样做了之后跟完全不做之前有什么不同,在接下来可以使得我的这些正向部分发挥更大的作用,继续尝试会对我的生活有什么更大的影响。"

最后,有一句话分享给大家:烦恼代表你拥有。

就聊聊感恩吧

文:王新红

这是个命题作文。开了几期家长工作坊的社工小白说,有些家长抱怨,现在的孩子越来越不知道感恩。《三国志·吴志·骆统传》里有句话:"今皆感恩戴义,怀欲报之心。"所谓感恩,大意就是要知恩图报。家长抱怨孩子不知感恩,是觉得孩子无"欲报之心"。他们想知道为什么现在的孩子不知道感恩,他们想让老师教育孩子学会感恩。

究竟如何帮助青少年发展出感恩品质呢?

观察过很多青少年和他们的父母之后,有个经验性的发现,健康的自恋和感恩像两面镜子,互为映射。如果一个孩子在和父母互动的过程中,常常体会的是"我挺好的",TA也会更愿意认同在TA周围出现的与之有关的人、物、事,周围人体验到的就是这个孩子的"感恩之心"。而一个体验常常是"我不怎么样"的孩子,与周围人或事互动时会有更多的回避、抱怨、攻击，也就很难让周围人体验到"感恩之心"。所以，很有可能，感恩这种优秀的品质并不是被教育出来的，而是被积极的成长体验滋养出来的。

对父母和老师而言，创造一个挫折体验恰到好处，积极体验非常丰富的成长环境，培养出一个怀欲报之心的人的结果就是水到渠成之事。

对于青少年，是经由感恩，经由看见周围的爱，而体验到自己是宝贵的，是值得珍惜的存在。除此之外，再无其他。

遗憾的是，感恩常常被用来当成成人批判青少年的"利器"。

即使从功利的意义上谈感恩，我也觉得，有些时候，是成人和孩子的节奏没有对上，求报之心和欲报之心有个时间差。有些时候，青少年的欲报之心承受不起成人的求报之心。这需要引起我们的反思。

这个夏天，遇见《千与千寻》

文：林丹霞

有一部电影——《千与千寻》，深入人心。

这个夏天，《千与千寻》重新上映。

你可曾记得，当年遇见它的时候，那些回忆还留存多少？现在，我们一起来聊一聊关于《千与千寻》的两三点回忆。

一、遇见的重要他人——白龙

在心理学上，有一个概念叫"重要他人"，指的是个体社会化以及心理人格形成的过程中具有重要影响的具体人物。

对于千寻而言，白龙或许就是她的"重要他人"。忘记自己是谁，却一直记得千寻的名字，陪伴在千寻身边，告诉她怎样在汤屋中生活，引导她如何战胜汤婆婆，成功地把爸爸妈妈救出来。"笨蛋千寻"最终成长了。那么，你的"重要他人"是谁？也许是你的父母，也许是你的好朋友，在他们的身上，有哪些地方对你产生了重要影响？不妨好好想想。

在影片最后，白龙对千寻说了一句话，"我只能送你到这里了，剩下的路你要自己走，记住，千万不要回头"。在人生的道路上，陪伴在我们身边成长的人会有很多，那些对我们有重要影响的人，并不是一直在我们的身边，哪怕是父母，终归也会有离开的一天。

不要回头，那就活在当下，珍惜现在！

曾经发生过的事情不会忘记，那些"重要他人"带给我们的美好时光，也会随着我们一起前行！

二、某个时刻的自己——无脸男

对于无脸男的象征意义，至今，人们解读了很多版本。

无脸男，就像某个时刻的自己，走在人群中毫无存在感，卑微；当内心有了欲望变得膨胀的时候，会感到很迷茫。或许，我们曾经也有过这样的时刻，觉得自己没有存在感，想要在同伴交往中，让大家接纳、认同自己，一旦有人伸出手，注视自己，就恨不得把所有好的东西给对方，却没考虑过是否是对方所需要的。

如同在影片里，当无脸男得知汤屋的人都喜欢金子，便变出大把的金子，最后整个汤屋的人都围着他转，他开始变得肆无忌惮，最终还是被千寻拒绝——"我不要金子，谢谢你"。

无脸男，不知道该如何去表达自己，最终也在欲望中迷失了自己。无脸，其实是没有自己，没有自我。幸好影片到最后，无脸男因为吃了净化丸而将全部的东西吐出来，成为纯净的自己，找到安定的地方。

或许，我们会在某个时刻迷失自己，也曾有过卑微的时候，但我们也会努力地找回自己，给予内心安定和平和。

三、你的名字

《千与千寻》告诉我们，要努力工作。没有工作的人，就会被汤婆婆变成猪，这提醒我们，不要过度沉迷于享乐。但它也轻轻警告，不能过度工作，当你沉迷于工作，就会渐渐忘记自己的名字，失去自己的身份，被汤婆婆所拥有、支配。

每个人都是心存理想的人，一路努力前行，是否也会忘记过一些东西？比如，在学习很累的时候，偶尔也会怀疑"学得这么累是为了什么""我好想休息啊"，忘记当初努力的目的，甚至失去信心。

成长的道路上，每个阶段都会有每个阶段的任务，生活是由很多个时刻组成的，有努力也会有享乐，最重要的是，不管是怎样的我们，记住自己最初的梦想，保持初心，不要在前行的路上忘记自己！

生活安排点"无用"的小事

文：张悦昕

作为生涯课老师，每个学期最头疼的事莫过于收作业，总是有些同学的作业怎么也收不上来。上周，我找来几位一直不交作业的同学询问原因，有一位同学满不在乎地说道："因为觉得这个作业对自己的学习没什么用，做不做无所谓！"听到这位同学的表达后，让我想到了莫言曾经的一番关于文学"无用"的话：文学和科学相比较的确是没有什么用处，但文学的最大用处，也许就是它没有用处。对于"有用"和"无用"，其实没有一个绝对的评判标准，比如，一个空瓶子你可以说它无用，但若你有储物的需求时，它便有用了。于是，我笑了笑，建议这位同学不要太轻易地对一项事物的有无用处下判断，也不要总是以有用无用去衡量一件事的价值。

事实上，当我们总是习惯性以有用没用来规划自己的行动时，很容易让自己陷入一种过度焦虑的状态中。不知道大家是否有过这样的体验：总是隐约感觉焦虑不安，难以完全放松，哪怕周围的人都停下来休息了，也会觉得如果这个时候自己抓紧时间学习就好像比别人多向前走了几步；总觉得只要达到一些目标、解决一些问题、完成某项计划，自己就会越来越好，但却常常发现，越努力越焦虑，有用的事情好像没有尽头，总也做不完。好好学习、解决问题、达成目标、完成计划，这些看起来确实都是一些很有用的事，但为什么很多人尽管在完成了这些事之后也很难体验到充分的成就感和满足感呢？随之而来的反而可能是一种空虚和麻木呢？

如果你正处于这样一种状态中，也许是因为"有用的大事"做多了，忽略了那些所谓"无用的小事"。生活被"大事"填满，就像电影《心灵奇旅》中那些迷失的幽灵一样，过于执着于去完成那些所谓"人生目标"而让自己的初心迷失，最终导致灵魂逐渐脱离身体，心灵与当下的生活失去联结。心理学家鲍尔（J. Bauer）和韦门特（H. Wayment）曾提出这样一个概念——宁静自我（quiet ego），这是一种能够与周围的环境和平共处的状态。当我们处于"宁静自我"的状态时，会缓和焦虑，情绪更加平静，也更愿意接纳自己。而想要获得这种"宁静自我"的体验，则与生活中的点滴"小事"息息相关，当我们沉静在没有强烈目的、不必受到外界评价的小事中时，就会慢慢地靠近"宁静自我"。这些"无用小事"可以是听一会儿音乐、读一本喜欢的

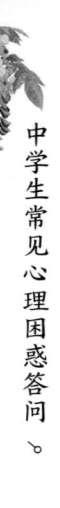

小说、悠闲地洗个澡、整理一下自己的桌面、观察傍晚的天空等。当我们愿意花点时间在这些看似浪费时间的小事上时，其实是在逐渐累积你对生活的掌控感和成就感，这可以提升我们的幸福体验。

　　心理学家曾做过这样一个实验，他们将养老院的老人们分为两组，送给他们每人一盆花，其中一组老人被告知可以自由安排自己的生活，并嘱咐老人们好好照看那盆花；另一组老人则被告知他们的生活完全不用自己操心，护工们会安排好一切，就连那盆花护工也会帮忙照料。18个月后，研究结果表明，第一组老人要比第二组活得更快乐、更积极、更健康，死亡率更低。你看，正是这些生活中我们认为的琐碎小事，却在潜移默化中提高了老人们的幸福感和掌控感，不是吗？

　　希望看完这段文字后，大家能够停下自己忙碌的脚步，想一想：待会儿我要去做点什么"无用"的小事呢？

我是哪个孩子

文：田春利

　　看了这些作品，我深感青春是属于诗的，诗是属于青春的。这些诗有的深沉，有的搞笑；有的稚嫩，有的老道。在深圳中学一堂"我是哪个孩子"生涯探索课上，每个同学为自己写了一首诗。

　　无论如何，这些对过去的回望，对当下的省察，对未来的描绘，都表达了一部分深中学子的真情实感与生命律动。也许你有同样的期待，同样的感受，甚至同样的困惑和不适，那就来读读这些同辈人的诗吧，去寻找你自己的影子，抚慰自己的心灵，点燃自己的梦想。诗是青春，诗是奋斗，诗也是疗愈。

　　下面选发来自深中高一（37）班部分同学的作品。

你是宇宙的孩子

钟铭

　　"你是宇宙的孩子，与日月星辰没什么两样。"
　　就算是一颗尘埃，也曾来自浩瀚的星河。

当你感到失意时,
请记住,
你并不孤独,
日月仍会为你闪耀,
所以去摘遥不可及的星吧。

路
肖媛

路在脚下,
汗水滴落在身旁,
何惧痛苦漫长?
梦想在远方,
希望凝成翅膀,
带我飞翔。

我要建一座自己的房子
刘羽琪

我要建一座自己的房子,
可以种花,也可以不种,
可以开,也可以不开,
可以白色,也可以黑色。
在另一边开一扇窗,
捕小鸟的梦。

谁会
李欣怡

春雷、急雨和猎猎的风,
我提着裙摆,
踮起脚尖,
走过无数的深巷。
谁会散开我束起的长发,

将藤蔓与橙花
编织成的花冠，
安放在我的头上，
徐徐盛放于心中？

你即是光

黄启鸿

丰美的草地，
有一只羔羊，
生着矫健的腿脚，
拂风与众羊奔跑。
天空中传来声响：
去罢，去罢，
向着心之所向，
寻你的路吧。
羔羊自如奔跑，
未曾想，中了镣铐，
陷入迷雾密林中
原地打转，忍痛挣扎。
正如夏目笔下的新人生，
stray sheep，如此称它，
痛的挣扎与迷的循环，
不如脚不点地，就此躺下。
躺平，
懒惰。
多么希望有一束光，
引我走出当下。
"没有光，"
天空如此说道，
"你即是光。"
昏沉密林消散。
原来我是羔羊，

是迷雾，是密林，
也是光。

攀过高峰

刘潇潇

攀过高峰，
我已走过十五个春秋。
当孤叶落下陡崖时，
我俯下身来，
路已消失于烟云之中。
前路何在？
我站在第十五个春秋的边上，
当往日之景不复，
是谁靠近了我的影子。
山在脚下，
我已踏上来日之征程。
当我到达顶峰，
星空
闪耀在我的头顶上。

她

王佳欣

她是一只船，
在无边的浩海中，
默默地漂。
一路上，
她有群船相伴，
她有游鱼相依，
她有日暮做妆。
但一弯大风掠过，
一切都消失，

还是只有她一只，
默默地，默默地漂。
在风的那边，
她望到极光漫天舞蹈，
她听浪打向年迈的礁，
那是她的梦乡。

青春的声音

吴沅沅

流云划过，
留下风铃一般清脆的声音。
白昼拍打着
属于我们的海浪，
听，
是青春的声音。
手指缠绕着淡淡的月光，
洒满了窗子，
星星带着云朵，
伴着那轮初升的太阳，
匆匆进入香软软的梦乡。
每个陷入梦境的城市，
都有一只月亮，
待在天空的角落，
等待属于它的人归来。

思念

万之瑶

这个夏天没有遗憾。
只愿日子长久，化成清风，
化作细雨。
那时我们哪怕别离，

也有了和相逢时候一样的柔情。

愿你一生所得，

皆为你所愿。

我们

一会儿见。

天逐渐转凉了，

那些带着尾巴的云，

风来了就散了。

不知树叶从什么时候开始，

慢慢变黄了。

你说离开的那天，

秋天来了，

思念在山的那边，

开始发芽。

图书在版编目（CIP）数据

中学生常见心理困惑答问/王新红，娄俊颖，田春利主编. --北京：中国人民大学出版社，2023.12
（深圳中学核心素养提升丛书）
ISBN 978-7-300-32314-5

Ⅰ. ①中… Ⅱ. ①王… ②娄… ③田… Ⅲ. ①中学生－心理健康－健康教育－问题解答 Ⅳ. ① G444-44

中国国家版本馆 CIP 数据核字（2023）第 212427 号

深圳中学核心素养提升丛书
中学生常见心理困惑答问
主　编　王新红　娄俊颖　田春利
参　编　郭明珠　刘本荣　黄润银　张悦昕
　　　　王　磊　颜文庆　陈启荣　刘方松
　　　　白小琴　高瑞情
Zhongxuesheng Changjian Xinli Kunhuo Dawen

出版发行	中国人民大学出版社			
社　　址	北京中关村大街 31 号	邮政编码	100080	
电　　话	010-62511242（总编室）	010-62511770（质管部）		
	010-82501766（邮购部）	010-62514148（门市部）		
	010-62515195（发行公司）	010-62515275（盗版举报）		
网　　址	http://www.crup.com.cn			
经　　销	新华书店			
印　　刷	唐山玺诚印务有限公司			
开　　本	787 mm×1092 mm　1/16	版　次	2023 年 12 月第 1 版	
印　　张	11.75 插页 2	印　次	2024 年 12 月第 3 次印刷	
字　　数	216 000	定　价	32.00 元	

版权所有　侵权必究　　印装差错　负责调换